LA SABIDURÍA DE LA MEDITACIÓN

ANDRÉS FERNÁNDEZ ROSEÑADA

NO-DUALIDAD

LA SABIDURÍA DE LA MEDITACIÓN

EDITORIAL DILEMA
MADRID 2024

Publicado por:
Editorial Dilema
Ibáñez Marín, 11, local.
28019-MADRID
Teléfonos: 91 472 9071 / 670 367 479
info@editorialdilema.com
www.editorialdilema.com

Diseño de Portada: Esther Hernández
Maquetación: JMPG - jmpg731@gmail.com

ISBN: 978-84-9827-683-1
Depósito Legal: M-26296-2024

Índice

Parte 1. Un viaje por la sabiduría de la no-dualidad

Parte 2. Prácticas para el día a día

PRIMERA ETAPA

Parte 3. Conociendo al Conocedor y al perceptor

SEGUNDA ETAPA

Parte 4. El conocedor se conoce y a la vez conoce el universo

TERCERA ETAPA

PARTE I

UN VIAJE POR LA SABIDURÍA
DE LA NO-DUALIDAD

Imagen de una persona en meditación, conectada con el universo y la
conciencia universal. La práctica no-dual revela que no existe separación
real entre nosotros y nuestro entorno. A través de la meditación,
la autoindagación y la observación consciente, se disuelve la noción del
'yo' separado del 'otro', mostrando que todos somos expresiones de una
única conciencia. Este reconocimiento transforma la manera en que nos
relacionamos con los demás, promoviendo compasión, comprensión y
un trato más respetuoso hacia todas las formas de vida. La no-dualidad
enfatiza que las diferencias percibidas son superficiales, y lo que subyace
es una realidad más profunda e inmutable. Esta comprensión no solo es
espiritual, sino que impacta nuestras relaciones y ética diaria, ofreciendo
una oportunidad de vivir con mayor plenitud y profundidad en cada
momento.

Fundamentos de la no-dualidad

La no-dualidad, más que una filosofía, es una experiencia directa que trasciende la ilusión de separación entre 'yo' y 'otro'. Invita a una autoindagación profunda, donde el 'yo' se ve como parte integral del universo, desafiando la percepción dualista de sujeto y objeto. Se basa en la comprensión de que no somos solo cuerpo o mente, sino una conciencia-testigo inalterable.

Esta perspectiva desvanece la división entre sujeto y objeto, mostrando todo como manifestación de una conciencia universal. La realización de la no-dualidad se alcanza no intelectualmente, sino a través de la experiencia, enfatizando la importancia de la meditación y la indagación interna. Esta práctica nos lleva a percibir la unidad de todo y a reconocer nuestra naturaleza interna y eterna, más allá de lo transitorio.

La no-dualidad se presenta como un estado de ser puro, instando a vivir en armonía con nuestra verdadera esencia. Resalta que la realidad última es indivisible, una visión compartida en diversas tradiciones espirituales y filosóficas. Todo es expresión de una única realidad, donde las diferencias son superficiales.

La no-dualidad es más que una teoría; es una forma de vida experimentable. Se practica mediante meditación, reflexión consciente y observación tranquila. Integrar la no-dualidad en la vida diaria

brinda paz interior, conexión auténtica con los demás y comprensión del propósito personal. Es un viaje que trasciende la mente y nos sumerge en la plenitud de la existencia.

Este enfoque desafía el pensamiento dualista occidental, promoviendo una comprensión más integradora. Es una experiencia que trasciende el pensamiento, caracterizada por una sensación de totalidad y paz. Se resalta la importancia de prácticas espirituales como la observación, concentración y meditación no-dual, la atención, el autoconocimiento y la autoindagación para cultivar esta comprensión.

Se aborda también las implicaciones éticas de la no-dualidad, enfatizando el trato compasivo hacia los demás como extensión de la comprensión de nuestra unidad. La no-dualidad integra opuestos como luz y oscuridad, ofreciendo una mayor aceptación y armonía. Invita a ir más allá de las limitaciones conceptuales, abriéndonos a una experiencia más auténtica de la realidad.

La conciencia es vista como la base fundamental de todo, y la autoindagación práctica nos ayuda a reconocer nuestra esencia como conciencia pura. Al comprender nuestra verdadera naturaleza, nos liberamos de la ignorancia y del

In the Stillness of Discerment

The swan naves labitaite theo reality and illusion, emblying the essence of Non-dutal philosophy.

Esta imagen representa el concepto de no-dualidad Advaita, con un cisne que simboliza la capacidad de discernir entre lo real y lo irreal. Traducción del texto de la imagen: "en la quietud del discernimiento, el cisne navega las aguas de la realidad y la ilusión, encarnando la esencia de la no-dualidad." Este texto refuerza la simbología del cisne como un ser que, en su serenidad, es capaz de diferenciar entre lo transitorio y lo eterno, un aspecto central en la enseñanza no-dual. El cisne, con su gracia inherente, simboliza el discernimiento puro en la meditación no-dual, distinguiendo lo real de lo irreal. A través de la contemplación profunda, el cisne nos enseña que lo esencial y lo eterno trascienden las apariencias fugaces, guiándonos hacia una comprensión más profunda de nuestra verdadera naturaleza.

sufrimiento basado en la identificación errónea con lo efímero. Se presenta como un sendero hacia el despertar espiritual, facilitando una transformación profunda en la vida cotidiana y una percepción enriquecida de la existencia, más allá de nuevas creencias o dogmas.

Los fundamentos de la no-dualidad trazan un camino hacia el despertar espiritual que va más allá de las estructuras de creencias tradicionales. Esta forma de vida ofrece una oportunidad de transformación profunda en la rutina diaria, permitiéndonos percibir la existencia de una manera enriquecedora. No se basa en la adopción de nuevas creencias o dogmas, sino en la experiencia directa de la unidad que subyace en todo.

La imagen ofrece una profunda representación visual de la no-dualidad,
un concepto que trasciende las barreras culturales y temporales.
En un paisaje sereno y monocromático, se integran símbolos de diversas
tradiciones espirituales, todas convergiendo en la idea de una realidad
indivisible. Figuras y enseñanzas de los Upanishads, Budismo Mahayana,
Taoísmo y el misticismo cristiano se entrelazan en esta representación,
destacando la unidad y la interdependencia que subyacen a toda
existencia. La no-dualidad no es solo una teoría, sino una forma de vida
que invita a vivir de manera plena y consciente, promoviendo
la compasión y una conexión profunda con todo lo que nos rodea.

Orígenes y perspectivas históricas

Fundamentado en los Upanishads y sistematizado por Adi Shankara en el siglo VIII, este enfoque no-dualista sostiene que el Atman (conciencia individual) y Brahman (realidad última) son idénticos. El mundo fenomenal es considerado una ilusión (Maya) que oculta la realidad última.

El Budismo Mahayana (Zen), se enfoca en la vacuidad (Shunyata) y la naturaleza de Buda, proponiendo también una realidad sin divisiones. Enfatiza que los fenómenos carecen de esencia inherente y existen en interdependencia.

El Taoísmo, enfatiza el Tao como una realidad unificada y subyacente, más allá de las dualidades. El Tao Te Ching describe el Tao como algo inefable e inmutable.

El misticismo cristiano occidental ejemplificado por Meister Eckhart, quien enseñó que la unión con Dios en la meditación trasciende las dualidades. Uno de los versos de San Juan de la Cruz, "éntreme donde no supe, y quédeme no sabiendo, toda ciencia trascendiendo", resuena profundamente con la no-dualidad. Ambos conceptos invitan a trascender el conocimiento dualista y las percepciones ordinarias para experimentar una unidad fundamental. En la no-dualidad, como en la mística cristiana, el objetivo es superar la separación entre sujeto y objcto, alcanzando un estado de conciencia pura.

Esta imagen representa a un derviche giratorio rodeado de caligrafía árabe y geometría sagrada, simbolizando la disolución del ego y la unidad universal, en consonancia con los principios de la no-dualidad en el sufismo. La esencia de las prácticas espirituales sufíes y su relación con la no-dualidad se manifiestan en el éxtasis espiritual y la meditación profunda del derviche. La experiencia de presenciar una danza derviche en Estambul fue profundamente conmovedora, resaltando la impresionante concentración y sincronización de los derviches con la música. Este tipo de danza ilustra cómo la meditación no-dual puede integrarse en el movimiento, manteniendo una atención continua en una actividad dinámica.

La filosofía perenne es un concepto moderno que ve un núcleo de verdad no-dual compartido entre todas las tradiciones espirituales. Popularizado por Aldous Huxley, propone una experiencia universal de unidad.

La no-dualidad ha ejercido influencia en diversas áreas como la filosofía, el arte y la ciencia, ofreciendo una perspectiva que se aleja de la separación y categorización. Se presenta en distintas culturas y épocas, promoviendo un entendimiento más integral de la realidad.

En la actualidad, aborda los desafíos contemporáneos como la alienación y división, proponiendo una visión inclusiva y compasiva de la vida. Invita a una reevaluación de nuestras relaciones personales y globales, fomentando un enfoque más sostenible y consciente.

Aunque cada tradición presenta una visión única, hay un hilo común en la concepción de una realidad indivisible. Desde el Advaita Vedanta (no-dualidad) hasta el Budismo, Taoísmo, y otras filosofías y misticismos, todos convergen en la idea de una unidad subyacente a toda existencia.

La no-dualidad, en sus diversas formas, nos invita a reconsiderar nuestra visión del mundo. A través de las enseñanzas del Advaita Vedanta (utilizaremos solo la abreviatura Advaita), el Budismo

Zen, el Taoísmo, el misticismo cristiano y otros, se nos ofrece una perspectiva unificadora. Estas tradiciones nos desafían a ver más allá de la separación aparente, hacia una comprensión más profunda y holística de nuestra conexión inherente con todo lo que existe.

Vivir en el presente conscientemente es esencial en la no dualidad, trascendiendo el pensamiento para experimentar la realidad directamente. En este estado de conciencia plena, se alcanza una comprensión profunda de la interconexión de todas las cosas. Esta práctica se realiza a través de las técnicas de meditación.

Este libro se centra en la importancia de vivir conscientemente en el presente, una clave de la no-dualidad que permite trascender el pensamiento y conectarse directamente con la realidad. A través de prácticas de meditación, exploraremos cómo esta conciencia plena revela la Interrelación de todo lo existente. Nos dedicaremos a aprender y perfeccionar técnicas de meditación desde lo más básico, enfatizando la práctica continua como el camino hacia una comprensión más profunda y una experiencia auténtica de la vida.

La imagen representa la esencia de la no-dualidad, mostrando personas de diversas culturas meditando bajo un árbol, simbolizando el viaje universal hacia la auto-realización y la unidad con el universo. El cielo y la tierra se funden, ilustrando la ausencia de separación entre individuo y cosmos. Esta metáfora visual transmite paz y conexión, destacando que la no-dualidad nos invita a trascender las divisiones mentales entre "yo" y "otro", promoviendo una vida en profunda conexión, compasión y empatía. Al vivir en el presente, más allá de las ilusiones del pasado y futuro, se experimenta una paz profunda y una revelación de la interconexión de todas las cosas.

Más allá del pensamiento

La no dualidad implica una interconexión entre acciones y pensamientos, fomentando compasión y empatía. Su comprensión profunda requiere estudio personal y reflexión, siendo una verdad para experimentar directamente. Aunque parecemos seres separados, la no dualidad sugiere que esta separación es una construcción mental. Solo el presente es real; pasado y futuro son conceptos.

Todo lo existente es una expresión de la realidad última. Enseñanzas no duales a menudo usan el término 'Maya' para describir cómo la realidad está velada por ilusiones. La comprensión de la no dualidad no es alcanzable solo por esfuerzo personal; a menudo se menciona la gracia, una fuerza más allá del control individual, que permite reconocer la unidad.

La gracia se refiere a una experiencia espiritual en la que se comprende la unidad fundamental de todo lo que existe. Es un estado de realización que trasciende la diversidad y permite ver la interconexión de todas las cosas. La gracia se manifiesta a través del reconocimiento de que no hay separación real entre el individuo y el universo, lo que lleva a una profunda paz interior y una sensación de unidad con la totalidad de la existencia. Se considera un regalo espiritual que va más allá del esfuerzo personal y la voluntad consciente; nada surgirá cuando la individualidad y la personalidad están presentes.

Reconocer la no-dualidad lleva al amor y la compasión universales. La liberación espiritual no se logra del mundo objetivo, sino de la desidentificación con el yo y patrones limitantes. La vida se vive espontáneamente y en alineación con el flujo de la vida. Para los nuevos en la no dualidad, es beneficioso explorar estos conceptos a través de prácticas como la meditación y el diálogo con maestros o estudiantes avanzados, siempre integrando la reflexión tras la teoría. La experiencia directa se convierte en el maestro más confiable, y el maestro interior, en el más fiable que se revela con la práctica diaria en cualquier lugar y circunstancia de la vida.

Más allá de las experiencias efímeras, percepciones sensoriales y construcciones mentales, lo constante es nuestro ser interior. Esta naturaleza auténtica, no afectado por los cambios cotidianos, representa una realidad permanente, subrayando la importancia de centrarse en el autoconocimiento y la introspección como caminos hacia la comprensión profunda de nuestra existencia.

En muchas filosofías y tradiciones espirituales, como en la no-dualidad, se considera que el descubrimiento y la realización de este ser esencial es el camino hacia la comprensión y liberación más profunda de la vida y de uno mismo. Implica una exploración interna que va más allá del ego, de las identidades superpuestas y de las creencias limitantes. Este ser verdadero se entiende como la fuente de atención y sabiduría, la paz y la autenticidad.

La existencia de los seres iluminados sugiere que hay una verdad universal y accesible en el camino del autodescubrimiento y la realización espiritual. Sus experiencias, enseñanzas y escritos sirven como guías y ejemplos inspiradores para aquellos que buscan una comprensión más profunda de sí mismos y del mundo. La liberación, tal como la han vivido y descrito estas personas, implica una comprensión clara y directa de la naturaleza de la realidad, la cual a menudo es descrita como un estado de paz, unidad y amor incondicional.

Además, estos millones de liberados en vida demuestran que, aunque el camino hacia la iluminación puede ser desafiante y único para cada individuo, no es exclusivo de una época, cultura o tradición específica. Es un viaje humano universal hacia la comprensión de la verdadera naturaleza del ser, mostrando que a pesar de las diferencias superficiales, hay una esencia común y una posibilidad de despertar inherente a todos los seres humanos.

La alegoría de la caverna de Platón, descrita en "La República", explora la percepción de la realidad y el conocimiento a través de la metáfora de prisioneros que solo han visto sombras proyectadas en una pared, creyendo que estas sombras son la realidad. Uno de los prisioneros se gira hacia la luz, simbolizando el filósofo o buscador de la verdad que cuestiona las percepciones ilusorias y busca la verdadera naturaleza de la realidad, representando el doloroso pero liberador camino hacia la liberación. Este concepto evoca la idea de "Maya" en las filosofías orientales, donde el mundo fenomenal es considerado una ilusión que oculta la verdad última, unitaria y trascendental. La alegoría invita a reflexionar sobre nuestra propia percepción y a reconocer la ignorancia como el primer paso hacia la sabiduría, fomentando un entendimiento más compasivo y una indagación constante para el crecimiento personal.

Reconozco y acepto mi ignorancia

En el contexto de la no-dualidad Advaita, la afirmación de que el reconocimiento de la propia ignorancia constituye el verdadero conocimiento tiene un significado profundo ("solo sé que no se nada", Sócrates y su reconocimiento a los límites del conocimiento humano). Esta idea se refiere a que, en la búsqueda de la sabiduría, el primer paso es comprender y aceptar que nuestro conocimiento es limitado (cuando se discierne desde la perspectiva personal o mental). Este entendimiento es crucial, donde se valora la humildad y la apertura mental como fundamentales en el camino hacia la búsqueda de la verdad.

Reconocer que "saber que no sabemos o solo sé que no se nada" implica entender que el conocimiento que adquirimos a través de la mente y los sentidos del mundo objetivo está inherentemente limitado. Nos abre a la posibilidad de que existen verdades más profundas más allá de nuestra comprensión actual o intelectual.

Este reconocimiento es el punto de partida para un aprendizaje más auténtico. Al admitir que no sabemos, nos despojamos de preconcepciones y falsas nociones de certeza, lo cual es esencial para recibir el conocimiento superior que ofrece el no-dualismo. La aceptación de nuestra propia ignorancia nos lleva a una actitud de humildad, rendimiento y apertura, vital en este sendero.

En el verdadero conocimiento no se trata de acumular información o conceptos, sino de experimentar directamente y ser la realidad. Este tipo de conocimiento trasciende el intelecto y se relaciona con la realización directa de nuestra verdadera naturaleza. La no-dualidad enseña que el verdadero conocimiento es la experiencia directa de la unidad de todo. Al superar la dualidad de saber y no saber, nos abrimos a la experiencia de que todo es una expresión de la misma conciencia universal.

La idea de que somos agentes activos es una ilusión. No somos nosotros quienes realizamos acciones; más bien, las acciones y eventos simplemente ocurren en la conciencia. Somos observadores de un flujo constante de experiencias, sin ser manipulados ni dirigidos por ellas. Reconocer esto es comprender que no hay separación entre el sujeto y el objeto, solo una unidad indivisible.

Una dimensión esencial de la liberación en la no-dualidad es el descubrimiento o la vivencia de que nuestra identidad como "persona" es, en realidad, una ilusión. Lo que comúnmente entendemos como "persona" es transitorio, emergiendo y desapareciendo sin dejar huella permanente. En el momento en que la conciencia se revela y es consciente de sí misma y por sí misma, desplaza la noción previa de ser meramente un individuo definido por la

La imagen simboliza la fábula de la rana en el pozo, representando el símbolo de la ignorancia. La imagen muestra a la rana en el fondo del pozo, con una perspectiva limitada del mundo exterior, lo cual refleja los temas de ilusión de identidad y auto-limitación en la filosofía de la no-dualidad. La rana en el pozo no conoce el vuelo de las aves en el cielo; así, en la profundidad de mi ignorancia, reconozco y acepto que mi visión es sólo una fracción de la vasta totalidad. Es una reflexión sobre la limitación inherente a la percepción individual y la aceptación de nuestra ignorancia como paso hacia el conocimiento más profundo, resonando con los principios de la no-dualidad.

mente y el cuerpo, y disipa la creencia de que no hay nada más allá de esta identidad limitada. Esta visión, predominante en la mayoría de la humanidad, nos mantiene atados e ilusionados (Maya) a la noción del cuerpo, la mente y el ego.

El proceso de liberación implica desapegarse de la identificación con el cuerpo y la mente. Se comprende que estas son solo aspectos de nuestra experiencia y no nuestra verdadera esencia. La mayoría de las personas vive bajo la ilusión de que son principalmente seres físicos y mentales. Esta visión es lo que mantiene a la humanidad encadenada a una comprensión restringida de sí misma y de la realidad.

La liberación en la no-dualidad no es simplemente un escape del sufrimiento o una transcendencia del yo personal, sino un despertar a la realidad de que somos mucho más que nuestras identidades personales limitadas. Es la conciencia-testigo, esa cualidad de atención y comprensión, la que transforma la falsa creencia de ser un individuo encerrado en el espacio y al tiempo.

Profundizando en este concepto desde la perspectiva no-dual, se entiende que nuestra percepción habitual de ser una "persona" definida y limitada es una ilusión creada por la mente. En el marco de la no-dualidad, la conciencia testigo va más allá de estas limitaciones temporales y espaciales. Al adoptar la posición de esta conciencia-testigo, comenzamos a ver más allá de la ilusión de nuestra identidad personal y temporal.

La frase conocida como: "yo no necesito saber para ser, sin embargo, preciso ser para saber" encapsula una profunda verdad relacionada con la comprensión de la existencia y el conocimiento en la no-dualidad. Esta idea se puede desglosar y ampliar de la siguiente manera: la existencia precede al conocimiento. La afirmación sugiere que la existencia o el acto de "ser" son fundamentales y precede al conocimiento. No es necesario poseer conocimiento intelectual o conceptual para existir. Nuestra existencia es primaria y no depende de nuestro entendimiento o consciencia de ella.

Por otro lado, "preciso ser para saber" implica que nuestra capacidad de conocer y comprender surge de nuestra existencia. Solo

porque existimos, somos capaces de adquirir conocimiento. La existencia, o el "ser", es la base desde la cual emerge todo conocimiento.

En el contexto de la no-dualidad, esta idea adquiere un significado
aún más profundo. Aquí, "ser" no se refiere solo a la existencia física
o personal, sino a un estado de ser más fundamental: la conciencia
pura o la verdadera naturaleza de uno mismo. El conocimiento
verdadero no es acumulación de información, sino la realización
directa de esta conciencia.

En la no-dualidad, se busca una integración donde el "ser" y el
"saber" no son vistos como separados, sino como aspectos de una
única realidad. Aquí, conocer es experimentar directamente nuestra
esencia como conciencia pura, más allá de las construcciones mentales y conceptuales.

La imagen de Jano, el dios romano de las puertas y los comienzos, con sus dos caras mirando en direcciones opuestas, simboliza la comprensión de los opuestos como aspectos de una misma realidad, alineándose con los principios de la no-dualidad. Muestra cómo las prácticas de meditación interna y externa son complementarias en la búsqueda de la pura atención conocimiento. La meditación interior implica desapego del mundo externo y conexión con el ser más íntimo, mientras que la meditación exterior se enfoca en la interacción con el entorno desde una presencia imparcial. Ambas disuelven la ilusión de separación, uniendo observador y observado, y revelando que la diversidad sensorial y la introspección son facetas de una única realidad, tal como Jano mira hacia ambos mundos, interno y externo.

El viaje interior hacia un modo de vida no-dual

Desde tiempos inmemoriales, la humanidad ha contemplado las estrellas, buscando entender su lugar en el cosmos. La no dualidad, como hilo dorado en estas indagaciones, ha sido una constante, aunque a menudo olvidada. La ciencia moderna, desde la física cuántica hasta las neurociencias, comienza a acercarse a este entendimiento ancestral. Nos muestra que la realidad está mucho más interconectada de lo que usualmente percibimos.

Exploraremos cómo la no dualidad se manifiesta en nuestras relaciones, trabajo e interacciones con la naturaleza. Vivir desde este estado transforma conflictos en oportunidades, suavizando la vida y haciéndola más agradable y armoniosa.

Es necesario explorar la no dualidad con una mente abierta para descubrir que no es un destino lejano, sino el camino en el que ya todos estamos, donde cada paso nos acerca a la unidad de la existencia. Es importante comprender cómo la no dualidad afecta nuestra visión del mundo, ética y moral, explorando temas como el discernimiento, el desapego, el libre albedrío y la compasión entre otros. Encontrarás una invitación a vivir sin la división artificial entre tú y el otro, haciéndote consciente de que la no-dualidad es relevante y aplicable en la vida diaria.

Abrazar la no dualidad no solo como un concepto, sino como una forma de vida. Que sus enseñanzas iluminen cada paso de tu

Sri Yantra, un símbolo geométrico intrincado de la tradición no-dual Advaita, que representa las prácticas de meditación profunda y guía hacia la liberacion y la unidad con el universo. El Sri Yantra es un distintivo o atributo representando la unión del macrocosmos y el microcosmos a través de su diseño geométrico de nueve triángulos interconectados. Esta figura simboliza la manifestación del universo y la disolución de todas las dualidades en la unidad última, alineada con la meditación no-dual. Al meditar en el Sri Yantra, se busca trascender la percepción dualista del yo y el otro,integrando así al meditador con la totalidad de la existencia.

camino, revelando un mundo donde la unidad y la paz son no solo posibles, sino naturales. Con cada página que pasas, recuerda: estás regresando a casa, a la verdadera esencia de la interconexión y la unidad.

En la vida, cada evento y circunstancia se despliega de forma autónoma, sin la necesidad de una intervención o control externo. Esta autonomía implica que los sucesos ocurren de manera natural y espontánea, guiados por las leyes inherentes del universo o por la propia naturaleza de las cosas. En este proceso, las acciones, reacciones y las interacciones en el mundo se manifiestan siguiendo un curso orgánico, donde cada elemento influye y es influido por el entorno, pero siempre dentro de un marco de auto-gestión y auto-regulación. Esta perspectiva sugiere que, aunque podamos influir en nuestro entorno hasta cierto punto, gran parte de lo que experimentamos en la vida se desarrolla independientemente de nuestra voluntad o esfuerzo directo.

Se entiende que la vida fluye de un campo unificado de existencia, donde la división entre el que percibe y lo percibido es ficticia. En este contexto, la autonomía de la vida se refiere a que cada acontecimiento, pensamiento y acción surge de esta unidad fundamental, no de un agente individual aislado.

Esta perspectiva sostiene que las acciones y reacciones no son el resultado de decisiones conscientes de un 'yo' individual, sino manifestaciones espontáneas del todo. En este sentido, la autonomía es vista no como independencia del individuo, sino como la expresión natural e ininterrumpida del flujo de la conciencia universal. Aquí, la vida se desenvuelve en un estado de armonía intrínseca con todo lo que es, revelando que todo lo que acontece es una expresión perfecta y sin esfuerzo de la realidad no-dual.

Todo en la vida sucede de manera autónoma. Usted formula la pregunta y también proporciona la respuesta. Y conoce la respuesta en el momento en que plantea la pregunta. Todo es parte de un juego en la conciencia. Cualquier división es pura ilusión. Solo es posible conocer lo que no es auténtico. Lo auténticamente verdadero es su propio ser.

La imagen de "La Escuela de Atenas" de Rafael, con Platón y Aristóteles en el centro, simboliza la búsqueda de la verdad a través del diálogo ntre diferentes perspectivas, reflejando el "Arte de la Palabra Justa". En la práctica de la no-dualidad, es importante aprender de los maestros experimentados, pero también reconocer que el maestro más sabio reside en nuestro interior. A través de la introspección y la meditación, se descubre una sabiduría personal conectada con la verdad universal. El equilibrio entre aprender de otros y escuchar nuestra sabiduría interna es esencial para una práctica espiritual auténtica.

El arte de la palabra justa

El arte de la palabra justa aborda la complejidad de transmitir el concepto de no-dualidad a personas sin experiencia previa en el tema. Este concepto, abstracto y profundo, se presenta de manera accesible y atractiva, enfatizando la importancia de vivir en el momento presente, evitando distracciones mentales y divagaciones.

Esto significa, la utilidad de las preguntas como herramienta para la introspección y el descubrimiento personal, y sugiere la quietud y la percepción sin juicios como métodos para entenderla mejor. La no-dualidad consiste en una verdad constante que no requiere de condiciones externas para ser experimentada y desafía la existencia de un "yo" separado, promoviendo un viaje introspectivo hacia un conocimiento y presencia eternos.

La búsqueda constante de objetivos externos nos mantiene atrapados en una ilusión, cuando en realidad, lo que buscamos ya está dentro de nosotros. Esta división entre el buscador y lo buscado es vista como una espejismo, y se enseña que ya somos completos por naturaleza, es decir, nuestra conciencia es intrínsecamente completa, perfecta y sin divisiones.

La Verdad Última (no-dualidad) y la verdad relativa y convencional (dualidad). Esta distinción permite una comprensión de la unidad subyacente mientras se reconoce la existencia de sufrimiento y limitaciones aparentes. Pensadores como Shankara, analizan la ilusión (Maya) de la existencia y la vida fragmentada como un velo ilusorio.

Es importante destacar la experiencia directa y personal con el conocimiento teórico. Las palabras son descritas como indicadores o rótulos hacia una experiencia más allá del lenguaje, y se enfatiza la necesidad de una vivencia íntima y profunda, más allá del entendimiento intelectual. La transmisión se presenta como un desafío debido a su naturaleza abstracta y paradójica, enfatizando que es un estado de conciencia más que un conjunto de datos para memorizar.

La imagen de un camino serpenteante a través de un bosque de bambú evoca el concepto taoísta de Wu Wei, que significa "acción sin esfuerzo" o "no acción". Este principio enseña que, en lugar de tratar de controlar la vida, debemos alinearnos con el flujo natural de las cosas, permitiendo que nuestras acciones sigan de manera espontánea el curso del Tao, la fuente universal. Wu Wei no implica pasividad, sino actuar en armonía con la naturaleza, como el bambú que se inclina ante el viento sin quebrarse. Al adoptar este enfoque, se alcanza un estado de paz y autenticidad, viviendo de manera plena y eficiente. En el contexto de la no-dualidad, Wu Wei se relaciona con la meditación sin esfuerzo, despersonalizándose del "yo" y permitiendo que la conciencia fluya sin resistencia ni lucha, reflejando una vida en armonía con la realidad.

El concepto de la no-dualidad a través de la historia, se ha desarrollado en diferentes culturas y tradiciones filosóficas y espirituales. Entre ellas: el Advaita en la India, el Zen en Japón, y el Taoísmo en China, mostrando cómo, a pesar de las diferencias culturales, existe un hilo conductor común en la búsqueda de la unidad última de la existencia.

Aunque la ciencia y la espiritualidad suelen considerarse como campos separados, hay puntos de intersección interesantes que desde hace tiempo están siendo explorados, especialmente en lo que respecta a la naturaleza de la conciencia y la realidad. Se trata de desmitificar la percepción de que la no-dualidad es un mero concepto espiritual, enfatizando su práctica y vivencia auténtica e incuestionable. Discutimos las trampas de la espiritualidad superficial y cómo la mentalidad dualista puede infiltrarse sutilmente en las prácticas no-duales. Por tanto, guiare a los lectores hacia una comprensión más profunda a través de la práctica, para que experimenten su propia experiencia no-dual.

Se trata cómo la comprensión de la no-dualidad puede influir y transformar la vida diaria de una persona. Esto podría incluir cambios en la percepción del yo, las relaciones, el trabajo y la interacción con el mundo natural de una manera real, positiva y práctica.

Espero que estas palabras sean como semillas plantadas en el fértil suelo de tu conciencia. Que crezcan y florezcan en tu vida diaria, guiándote hacia una existencia más plena y consciente. Recuerda, la verdadera esencia de la no separatividad no se encuentra en las páginas de un libro, sino en la vivencia íntima de cada momento. Que este conocimiento sea un faro en tu camino hacia la unidad con el todo. La no-dualidad, más allá de ser una simple filosofía, es una invitación a vivir con plenitud, amor, compasión, presencia y conocimiento, una forma de ser y de existir.

La imagen contrasta y fusiona los enfoques occidentales y orientales sobre la conciencia, mostrando a la izquierda una escena con figuras que evocan a Descartes bajo un templo griego, simbolizando el dualismo y la separación mente-cuerpo, y a la derecha monjes en meditación, rodeados de símbolos de unidad como el yin-yang. El centro de la imagen une estos dos escenarios, representando la transición del dualismo a la no-dualidad. Esta fusión destaca el campo unificado de conciencia que trasciende fronteras culturales, mostrando que la integración de las filosofías occidentales. La no-dualidad oriental, enfocada en la interconexión de todas las cosas, disuelve las barreras del ego y promueve paz y compasión, mientras que la tradición occidental, con su énfasis en el individualismo y la objetividad, ha impulsado avances en ciencia y tecnología. Ambas perspectivas ofrecen caminos complementarios que, juntos, pueden transformar nuestra experiencia de vida.

Del dualismo occidental a la unión oriental

La visión occidental, basada en el dualismo, ve la conciencia como una relación entre sujeto y objeto, centrada en el yo individual como entidad separada y enfatiza la objetividad, la autonomía personal y la realización individual. En cambio, las filosofías orientales, influenciadas por la no-dualidad, entienden la conciencia como un campo unificado, donde sujeto y objeto son parte de una misma realidad, y el yo es visto como una ilusión.

La visión occidental del dualismo, en la filosofía moderna, se basa en la distinción entre mente y cuerpo, una idea fuertemente influenciada por René Descartes. Este propuso que la existencia de la mente (res cogitans) es distinta y separada de la existencia del cuerpo (res extensa), lo que subraya una relación sujeto-objeto de la conciencia. Este dualismo separa al hombre del resto del mundo, considerando la mente como una entidad independiente de lo físico, basada en el principio "pienso, luego existo". Esta dualidad o visión mecanicista de la naturaleza (ver el universo y a los seres vivos como maquinas compuestas por partes) ha dominado el pensamiento occidental, conciencia y la realidad material.

La tradición occidental valora la introspección y la comprensión racional, mientras que en Oriente, la práctica espiritual busca trascender el yo individual y experimentar la unidad con el todo,

Este jardín zen inspirado en el taoísmo simboliza la interconexión y armonía con la naturaleza, reflejando los principios de la no-dualidad. El bambú representa flexibilidad y fluidez, evocando el concepto de Wu Wei, la acción sin esfuerzo. La fuente de agua, símbolo de cambio y adaptabilidad, alude al flujo constante de la vida y la conciencia unificada. La piedra rodeada de círculos en la arena representa la estabilidad de la conciencia pura, mientras que las piedras dispersas simbolizan la unidad entre cuerpo, mente y espíritu. La arena moldeable refleja la naturaleza cambiante de nuestra percepción.

con técnicas como la meditación. Las éticas occidentales se centran en derechos individuales y justicia, mientras que en la no-dualidad oriental, la conducta moral o la ética se basa en la armonía, la compasión y en la disolución sujeto-objeto.

Estas diferencias tienen implicaciones profundas en áreas como la psicología, la ética y la práctica espiritual, y afectan cómo las personas buscan significado en sus vidas. La conciencia occidental se asocia a menudo con la mente, enfocándose en la intencionalidad, mientras que en Oriente, la conciencia y la mente se ven como distintas, con el objetivo de revelar la conciencia misma.

Al ver las perspectivas orientales y occidentales como complementarias, se puede lograr una comprensión más completa de la conciencia y su papel en nuestra existencia, desafiando las percepciones convencionales y llevando a un mayor entendimiento y paz interior.

Estas diferencias sujeto-objetivas en la concepción de la conciencia entre filosofías orientales y occidentales, destacan cómo cada una influye en nuestra comprensión de la realidad y del yo. Mientras la visión occidental, arraigada en el dualismo, define la conciencia como la interacción entre sujeto y objeto, enfocándose en la identidad personal y la experiencia individual, las tradiciones orientales, influenciadas por la no-dualidad, la ven como un todo unificado, donde las divisiones entre sujeto y objeto se disuelven.

En la perspectiva occidental, la conciencia es vista como un medio para experimentar y comprender el mundo externo, priorizando la autonomía y la realización personal. Por otro lado, en las filosofías orientales, la conciencia se entiende como una presencia universal, trascendiendo la noción de un yo separado y enfocándose en la unidad y la interconexión de todos los seres.

Estas diferencias culturales y filosóficas impactan no solo en la teoría, sino en la forma en que las personas viven y buscan significado en sus vidas. En Occidente, se da importancia a la mente y al análisis racional de la conciencia, mientras que en Oriente, se busca la experiencia directa de la conciencia, considerando la mente y el ego como aspectos secundarios.

Mientras Occidente enfoca la conciencia como una relación dualista sujeto-objetiva, centrada en el yo individual, Oriente la ve como un campo unificado no-diferenciado. Estas diferencias afectan a la práctica espiritual y la búsqueda de significado, proponiendo una integración de ambas perspectivas para una comprensión más completa de la conciencia.

Se sugiere que la integración de ambas perspectivas podría ofrecer una visión más equilibrada, superando la dicotomía sujeto-objetiva, y abriendo posibilidades para un mayor entendimiento de la naturaleza humana y la realidad. Este enfoque integrador podría ser clave para alcanzar una comprensión más profunda y una experiencia más rica de la conciencia y la existencia.

THE PERSISTENT FEELING OF DISSATIFITION
AND THE PERSESTYTEINIS IBE FEL FILLED BY MANY SEI-DUFALITY

Esta escultura "El Pensador" de Rodin refleja una profunda insatisfacción, que se alinea con el tema de la no-dualidad al simbolizar la búsqueda interna y el vacío existencial que no puede ser llenado por logros externos o prácticas superficiales. La postura del Pensador capta la esencia de la búsqueda de autorrealización y cumplimiento interno. En el contexto de la no-dualidad, la insatisfacción no es un obstáculo, sino un catalizador de crecimiento personal. Surge cuando nos identificamos con aspectos efímeros como el cuerpo, el ego o los deseos insatisfechos. Reconocer este sentimiento como una invitación a la autoindagación puede llevarnos a una mayor comprensión de nuestra verdadera naturaleza, revelando que la plenitud proviene de la unidad con todo, más allá de las divisiones superficiales.

El sentimiento de insatisfacción

Este capítulo aborda la persistente sensación de insatisfacción que experimentan muchos practicantes espirituales a pesar de su dedicación a diversas técnicas como mindfulness, yoga y meditación dual. Se destaca que esta sensación de vacío no puede ser resuelta mediante logros externos o prácticas superficiales. La no-dualidad enseña que la verdadera plenitud no se encuentra fuera de nosotros, sino en el reconocimiento de nuestra conexión con algo más grande.

La insatisfacción surge de una identificación excesiva con aspectos temporales y cambiantes de nuestra existencia. Esta insatisfacción persistente es vista como una llamada a la autorrealización y una indicación de que estamos identificados con nuestro cuerpo o ego limitado. No obstante, la insatisfacción no es tiempo perdido, sino parte del proceso de crecimiento y descubrimiento. Estos momentos de insatisfacción pueden proporcionar oportunidades valiosas para una introspección más profunda y un reajuste del enfoque espiritual.

Además, se sugiere que la sensación de insatisfacción puede ser una señal de que la práctica actual no está abordando algunas necesidades espirituales más profundas. Se aconseja a los practicantes que reflexionen sobre qué aspectos de su vida o su ser, quizás no están siendo atendidos por su práctica actual, que reconsideren explorar otras prácticas espirituales que puedan ofrecer nuevas perspectivas.

No obstante, la insatisfacción es un fenómeno humano común que puede manifestarse de diversas formas y en diferentes áreas de la vida. Puede surgir en el ámbito profesional, personal, relacional o espiritual, y a menudo está vinculada a un sentido de falta o vacío interno que parece persistir a pesar de los esfuerzos por llenarlo.

En el contexto espiritual, la insatisfacción puede surgir de una profunda búsqueda de significado y propósito en la vida. Los practicantes pueden sentir que sus esfuerzos por alcanzar un mayor entendimiento o conexión espiritual no satisfacen completamente sus necesidades internas. Esta sensación puede ser especialmente desafiante para aquellos que se dedican a prácticas de meditación, ya que pueden esperar que estas prácticas proporcionen respuestas o alivio a su sensación de insatisfacción.

En el contexto de la no-dualidad, la insatisfacción se ve como una señal de identificación excesiva con el ego, cuerpo y mente, que perpetúa la ilusión de separación y falta. La práctica no-dual implica trascender estas identificaciones limitadas y reconocer nuestra verdadera naturaleza como conciencia pura y unidad con todo lo que existe.

En el camino espiritual, la no-dualidad ofrece un enfoque nuevo para comprender y superar este sentimiento de insatisfacción, alentando a los practicantes a trascender la identificación con el cuerpo, mente y las practicas duales (mindfulness, yoga o prácticas con aspectos distintos) que puede generar esta sentimiento de insatisfacción o duda que lo que estoy practicando no me llena o no tiene sentido para mí, no corresponde a la verdadera realidad que esperaba.

En la vía espiritual, la no-dualidad presenta una perspectiva revolucionaria para entender y trascender la sensación de insatisfacción, frustración o descontento. Este enfoque invita a los practicantes a ir más allá de la identificación con la forma física, pensamientos o vinculación con lo material, así como de prácticas dualistas, que, aunque beneficiosas, pueden a veces provocar dudas o una sensación de vacío si se perciben como desvinculadas de nuestra búsqueda de una verdad más profunda. La no-dualidad nos guía hacia la comprensión de que más allá de estas prácticas y percepciones existe una realidad unificada, que no se ajusta a las expectativas previas pero es inherentemente plena y significativa.

La conciencia trasciende el cuerpo, la mente y los recuerdos del pasado; su esencia no se puede encontrar dentro de estas dimensiones dualistas. Es precisamente en el ciclo de esfuerzo constante y repetitivo donde surgen la insatisfacción, el aburrimiento y eventualmente el abandono de la práctica. Resulta lamentable que numerosos practicantes no logren ir más allá de esta dualidad, limitando su capacidad para experimentar la verdadera naturaleza de la conciencia, que está más allá de dichas divisiones

Sin embargo, te puedo asegurar que en el enfoque de la no-dualidad, esta situación no se presenta. La no-dualidad, al trascender las expectativas y los resultados convencionales, ofrece una comprensión más profunda que va más allá del concepto de "resultados esperados", guiando hacia una experiencia de unidad y plenitud que no depende de los logros externos.

Antes de descubrir la no-dualidad, muchos de nosotros experimentamos un período de desorientación, a pesar de dedicar incontables horas a prácticas dualistas. Es solo al encontrar la no-dualidad que comenzamos a ver un camino más claro, directo y sin fondo.

Para que surja una nueva realidad requiere la disolución de la dualidad entre el buscador y lo buscado. Esta transformación implica superar la percepción de separación lo otro y yo, permitiendo la unificación del sujeto y el objeto. Al eliminar esta barrera, se desbloquean posibilidades ilimitadas, fomentando un flujo constante de aprendizaje y experiencia. No obstante, el buscador debe cuestionarlo todo.

Si incorporas comentarios, interpretaciones, relatos mentales o dualidades de cualquier índole, nunca lograrás percibir tu verdadera esencia. Bajo este velo de juicios y divisiones, la realidad se mantendrá velada, perpetuamente fuera de alcance. Esta barrera conceptual no solo oculta tu verdadero ser, sino que también alimenta un ciclo constante de insatisfacción, desánimo y tendencia al abandono. La clave para desentrañar y experimentar la auténtica realidad yace en la renuncia a estas construcciones mentales y renuncia a las prácticas dualistas, permitiendo así que la vida se revele en su plenitud como una sola entidad o realidad, libre de las distorsiones impuestas por la mente.

La búsqueda es un proceso en el que el buscador se sumerge en la profundidad de su ser para encontrarse a sí mismo. Es el momento en el que el propio conocedor quiere saber quién conoce y se reconoce plenamente, donde el observador de los pensamientos se convierte en testigo de sí mismo. Este camino se recorre en solitario, sin la intervención de terceros (no a las meditaciones dirigidas). Es una vía directa hacia el autoconocimiento, donde la introspección, indagación y la autoobservación se convierten en las herramientas fundamentales para desvelar la base primordial de nuestra identidad, liberándonos de las distracciones externas y permitiéndonos experimentar la plenitud de nuestra existencia.

The Mytderal Garden of Immorty where apples of immortity, grow, guarded by Nynphs

Esta imagen representa el Jardín de las Hespérides, donde crecen las manzanas doradas de la inmortalidad comprensión no-dualista, custodiadas por ninfas. Estas imágenes capturan la esencia del jardín como un lugar de belleza serena y profundo misterio, simbolizando la búsqueda de conocimiento supremo y la trascendencia. En estas representaciones, el jardín simboliza la conexión entre todas las formas de vida y niveles de existencia, reflejando conceptos no-dualistas de unidad y completitud.

Comprensión mental en la no dualidad

Cada pensamiento y momento de conciencia es comparado con una ola en el vasto océano de la existencia, indicando que no estamos separados del tejido de la realidad. Por lo tanto, la mente es otro aspecto de la totalidad, no un ente aislado.

La perspectiva no dual desafía las nociones convencionales de identidad y autonomía. Considera el "yo" como una fantasía, una narrativa de la mente que se disuelve al examinarla más de cerca, integrándose en la conciencia pura. Este entendimiento conduce a una vida más compasiva y conectada, viendo a los demás no como separados, sino como extensiones de nosotros mismos.

No existen "mi mente" o "tu mente" en un sentido absoluto; todas son expresiones de una realidad subyacente. Esta visión sugiere que nuestra individualidad es una construcción mental y que reconocer la mente como parte de un todo más amplio nos lleva hacia una mayor compasión y conexión.

El ego es visto como una construcción artificial que mantiene la ilusión de separación. Aunque funcional para la interacción en el mundo dual, puede ser fuente de sufrimiento si se le da demasiada importancia. La no dualidad invita a trascender el ego para experimentar la unidad con todo lo que existe. Los pensamientos, desde esta perspectiva, son fenómenos que surgen en la conciencia y actúan como filtros interpretativos. La práctica implica observar los pensamientos sin identificación, permitiendo una percepción directa de la realidad, más allá de la narrativa mental.

La "Conciencia pura" y la "mente" se diferencian en varias disciplinas. Mientras la "mente" se relaciona con procesos cognitivos y emocionales, la "Conciencia pura" es la conciencia sin contenido, considerada la esencia de todo ser. En la espiritualidad, la conciencia pura es vista como la base de todo, inmutable, llena de conocimiento y siempre presente, mientras que la mente es dinámica y cambiante.

Cuando exploramos cómo la mente y la conciencia interactúan en nuestra percepción de la realidad, la conciencia nos invita a considerar que cada experiencia, ya sea un pensamiento, una emoción o una percepción sensorial, es parte de un continuo de la misma conciencia sin divisiones. Esto significa que no hay una separación real entre lo interno y lo externo, entre el pensador y el pensamiento, o entre el observador y lo observado.

La práctica a menudo involucra meditaciones o técnicas de auto-indagación que ayudan a disolver la aparente barrera entre la conciencia y los contenidos de la mente. Estas prácticas buscan llevar al individuo a un estado de reconocimiento donde la dualidad entre sujeto y objeto se desvanece, revelando una realidad en forma de conocimiento y atención estable donde todo está interconectado.

Un aspecto clave es el concepto de presencia o conciencia inmediata. Esta presencia es la experiencia de estar completamente en el momento, sin la interferencia de pensamientos sobre el pasado o el futuro. En este estado, uno puede experimentar una sensación de unidad con todo, donde las etiquetas y las categorías mentales se desvanecen, y lo que queda es una experiencia pura de ser en forma de atención y saber.

Otro tema importante es el papel de la intuición. A diferencia del pensamiento analítico, que se basa en la separación y la discriminación, la intuición es una forma de conocimiento directo que surge de la experiencia de unidad. La intuición no-dual permite una comprensión más profunda y holística de la realidad, más allá de lo que el pensamiento discursivo puede ofrecer.

Además, la no dualidad propone una visión del mundo donde el amor y la compasión surgen naturalmente. Al reconocer que no hay una verdadera separación entre uno mismo y los demás, se fomenta una actitud de empatía y compasión. Este entendimiento conduce a una forma de vivir que honra la interconexión de todos los seres y fenómenos.

La no dualidad también aborda el tema de la liberación o iluminación. En este contexto, la liberación no es vista como un estado alcanzado por unos pocos elegidos, sino como el reconocimiento natural de la realidad tal como es: una unidad indivisible. Esta comprensión trae consigo una profunda paz y libertad, liberando al individuo de las limitaciones y sufrimientos que surgen de la percepción dualista.

Cuando se sugiere dejar de ser una persona, se refiere a trascender la identificación con el ego o el "yo" personal, que incluye creencias sobre el nacimiento, los padres, el cuerpo y la muerte. Esta enseñanza invita a reconocer que la verdadera esencia no está limitada a estas identidades físicas y mentales. Al dejar de lado estas creencias y percepciones, uno puede comenzar a experimentar la realidad de una manera más amplia y sin restricciones. Este proceso, aunque puede parecer desafiante, es accesible con práctica y autoindagación.

Se reconoce que la verdadera esencia o el Ser es siempre consciente y presente, independientemente del estado de atención en la práctica. La oscilación entre la conciencia y la inconsciencia en la práctica puede ser vista como una oportunidad para profundizar en la comprensión de que la conciencia pura, el Ser, permanece constante incluso cuando la mente y la atención fluctúan.

Para un novato, la práctica meditativa suele ser intencional y laboriosa, demandando considerable firmeza. Sin embargo, quienes lo han practicado con entrega durante años, se hallan constantemente en un estado de autorealización, ya sea que estén plenamente conscientes de ello o no. La práctica realizada con atención y conciencia presente es extraordinariamente eficaz y fructífera, debido a su naturaleza espontánea y regular.

Está imagen representa el símbolo del Yin y Yang adaptado a un contexto occidental, fusionando elementos del taoísmo con la psicología y la alquimia occidentales. Esta imagen ilustra la armonía de los opuestos, mostrando cómo los elementos contrastantes son complementarios e inseparables, alineándose con los principios de la no-dualidad. La mente es representada por patrones intrincados y giratorios, simbolizando los procesos cognitivos y las realidades subjetivas. La conciencia se muestra como un fondo sereno e inmaculado, representando la presencia pura y el testigo silencioso de los pensamientos y emociones. Esta imagen integra visualmente los conceptos de mente y conciencia, destacando su interconexión y el papel central que juegan en nuestra experiencia de la no-dualidad. La mente, representada por el Yin, simboliza la actividad, las emociones y los pensamientos, mientras que la conciencia, representada por el Yang, refleja serenidad, claridad y el estado puro de percepción.

Diferenciación entre mente y conciencia

En el corazón del entendimiento de la no dualidad, yacen dos conceptos cruciales, a menudo malentendidos en su simplicidad cotidiana: la mente y la conciencia. Aunque ambos términos se utilizan indistintamente en el diálogo diario, encierran significados profundos y diferenciados que son esenciales para comprender la verdadera esencia de nuestra existencia.

La mente funciona como el eje central de nuestros procesos cognitivos, un complejo entramado de pensamientos, memorias y percepciones. Es ella quien narra nuestras historias personales, construye nuestras realidades subjetivas y, a menudo, nos limita con barreras autoimpuestas. Sin embargo, en el contexto de la no dualidad, la mente no es un ente aislado, sino una parte intrínseca de un todo más amplio.

Por contraste, la conciencia se presenta como una presencia pura y un testigo silencioso. En este espacio, los pensamientos y emociones fluyen libremente, surgiendo y desapareciendo en un ciclo continuo. La conciencia es el conocedor detrás de esta película mental, un espejo que lo refleja todo sin involucrarse. A diferencia de la mente, la conciencia es ser en su estado más puro, una experiencia de unidad y totalidad que trasciende cualquier pensamiento.

La conciencia es como el océano que observa las olas de la mente, reflejando su movimiento sin ser perturbada por ellas. En la no dualidad, la conciencia es el testigo silencioso, como un cielo sereno que refleja todas las nubes pasajeras sin ser tocado por ellas.

En la no dualidad, la distinción entre mente y conciencia es más que una separación filosófica; es la llave para liberarnos de las ilusiones de la mente y descubrir nuestra naturaleza auténtica. Al comprender que la mente, con sus juicios y narrativas, es diferente de la conciencia, en su estado puro y sin forma, comenzamos a vislumbrar un camino hacia la unidad, donde la dualidad se disuelve.

La no-dualidad transforma nuestra comprensión de los procesos cognitivos. Los pensamientos y emociones no son vistos como posesiones de un "yo" individual, sino como aspectos de un campo de consciencia más amplio. Esta perspectiva altera radicalmente nuestro entendimiento del funcionamiento mental y de la identidad, guiándonos hacia una autoconciencia que es consciente de sí misma.

Por otro lado, La conciencia que observa no necesariamente es constante. No lo es especialmente cuando el observador es inexperto. En ese caso, el observador surge y se desvanece al mismo tiempo que lo observado. Los términos como permanente o estable se aplican más apropiadamente a estados alcanzados tras una extensa práctica de meditación no-dual. Mientras, el practicante inexperto cuestionara la posibilidad de alcanzar un estado de atención y conocimiento continuo y firme.

Este viaje de descubrimiento y reflexión nos conduce a una comprensión más profunda de la no dualidad y su impacto en nuestra vida. Al trascender los límites de la mente mediante prácticas como la concentración y la meditación cognitiva no-dual, nos abrimos a experimentar un estado de conciencia estable y no dual, donde los pensamientos son vistos como meras interpretaciones de la realidad, no la realidad en sí.

Esta imagen del Ouroboros, una serpiente o dragón mordiéndose la cola, es un símbolo de la no-dualidad y del viaje espiritual. Representa la totalidad y la interconexión de la existencia, mostrando que la vida y la muerte son parte de un mismo ciclo continuo. Este símbolo sugiere que las separaciones percibidas son ilusorias, y que todo es una manifestación de una única realidad. La meditación y la concentración no-dual permiten acceder a un espacio de silencio interior, donde se disuelven las dualidades y se revela nuestra verdadera identidad, como lo describe Rumi en su poesía: el "campo" más allá de las ideas de lo correcto y lo incorrecto, donde las dualidades se disuelven se revela nuestra verdadera identidad.

Del silencio de la mente al amanecer de la conciencia

Este capítulo explora la naturaleza intrínseca de este viaje, invitando tanto al lector experto como al novato a una profunda reflexión sobre la esencia del ser y la realidad última.

La mente, constantemente en movimiento, es el terreno de los pensamientos, emociones y percepciones. Sin embargo, en su núcleo más profundo, existe un silencio innato, un espacio de quietud que es fundamental para el despertar espiritual. Como dijo Rumi, "Más allá de las ideas de hacer el bien y el mal, hay un campo. Te encontraré allí". Este "campo" es el silencio de la mente, donde las dualidades se disuelven. Como expresó Lao Tse, "Más allá de los conceptos de corrección y error, existe un espacio de armonía. En ese lugar nos reuniremos".

La meditación es la práctica más directa para acceder al silencio interno. Sentarse en quietud, atender al que está atendiendo y permitir que los pensamientos fluyan sin apego hasta que los pensamientos se diluyan solos, esto nos introduce directamente del silencio de la mente al amanecer de la conciencia, este es el espacio de no-dualidad. Otra práctica es la atención plena en las actividades diarias, observando cómo la mente etiqueta y reacciona, y volviendo conscientemente al momento presente y estable, hasta que el veedor vea lo visto sin pensarlo.

A medida que el silencio de la mente se profundiza, surge un fenómeno extraordinario: el amanecer de la conciencia. Este despertar no es un evento dramático, sino un reconocimiento gradual de que la conciencia, el ser puro, es nuestra naturaleza esencial. Como enseña el Advaita, "Tú eres Eso" (Tat Tvam Asi), indicando que la conciencia individual y la Conciencia Universal son una y la misma.

Podríamos comparar el despertar de la conciencia en la metáfora del amanecer: Imagina que cada pensamiento silenciado es como la disipación de las sombras nocturnas ante los primeros rayos del amanecer. La conciencia, entonces, amanece no como un sol abrupto que irrumpe en el cielo, sino como una aurora que se revela con delicada gradualidad (experiencia tras experiencia), iluminando suavemente la vastedad de nuestro ser interior. Esta metáfora refuerza la idea de que el despertar es un proceso suave y progresivo hacia lo que realmente somos, una transición hacia la luz de nuestra conciencia esencial.

Caminar en la naturaleza, observando cada árbol, sonido y sensación sin juzgar, puede ser una poderosa práctica para cultivar el silencio mental y despertar a la conciencia de la unidad de todo. Meditación diaria: dedicar un tiempo cada día para meditar ayuda a profundizar el silencio interior, a medida que la práctica se intensifica, la conciencia se hace cada vez más evidente.

Es un proceso de des-identificación con el pensamiento y la percepción de la conciencia como la realidad última. Este despertar espiritual no es el final, sino el comienzo de una vida vivida desde una comprensión profunda de la unidad de todo. Como dijo el sabio Nisargadatta Maharaj, "El estado supremo no es un estado para alcanzar, sino más bien la gracia en la que vive el ser".

En la no-dualidad, se enseña que nuestra verdadera naturaleza es conciencia pura y sin límites, que ya es libre y sin restricciones. Por lo tanto, la liberación no es algo que deba alcanzarse, sino más bien algo que se realiza, no hay un yo limitado que liberar porque ese yo nunca existió de manera independiente. La "liberación" es simplemente el reconocimiento de esta verdad eterna, el despertar a la realidad de que somos y siempre hemos sido esa totalidad.

Cuando te encuentres atrapado en diálogos internos, como el juicio, la crítica o la comparación, toma un momento para cuestionar estas percepciones desde una perspectiva presencial. Pregúntate a ti mismo: "¿Quién es el que observa estos pensamientos?", llevando tu atención al testigo consciente de estas experiencias. Este simple cambio de perspectiva te permite ver que eres el espacio de conciencia-testigo en el que todos estos fenómenos surgen y se disuelven.

Pasa tiempo en la naturaleza, pero en lugar de solo 'estar' allí, permite que la naturaleza te muestre la no-separación. Observa cómo cada elemento existe en armonía dentro de un todo, reflejando la unidad de la conciencia en la que todas las formas y fenómenos emergen y se disuelven.

En una caminata consciente por el bosque, te das cuenta de la interconexión de todo. Observas cómo el sol nutre a los árboles, que a su vez purifican el aire, y cómo las raíces se entrelazan creando una red de vida. Este entorno te enseña la no-separación: tú, los árboles, y el ciclo del agua son parte de un todo unificado, reflejando la unidad de la conciencia donde todo emerge y se disuelve.

Dedica tiempo cada día a sentarte en silencio, pero en lugar de seguir una técnica específica, simplemente permanece como el testigo consciente y silencioso de todo lo que surge: pensamientos, sensaciones, emociones.

La práctica de la no-dualidad no se limita a un tiempo o espacio específico; es una invitación a vivir desde la verdad de tu ser en cada momento de la vida. Son invitaciones a experimentar la vida desde la conciencia-testigo, recordándonos que la separación es una ilusión y que, en esencia, somos uno sin segundo con todo lo que existe. La vida cotidiana se convertirá en una expresión viva de la verdad no-dual, donde cada momento es una oportunidad para recordar y vivir nuestra naturaleza esencial.

PARTE II
PRÁCTICAS PARA EL DÍA A DÍA

La imagen representa cuatro estados: pratyahara, donde se observa
la dualidad; Dharana, un estado de concentración no-dual; Dhyana,
la verdadera meditación no-dual; y Samadhi o Moksha (liberacion),
la experiencia de unidad (consecuencia de la meditación), conforman una
secuencia progresiva de estos cuatro estados mentales. Cada fase
es un peldaño que lleva al siguiente, culminando en la revelación
profunda de la conciencia-testigo. A lo largo de estos cuatro niveles de
práctica, la atención y conocimiento se mantiene como enfocado según
la experiencia de cada uno. Mientras se avanza en la meditación interna,
la identidad asociada al cuerpo-mente y al mundo objetivo se va diluyendo,
permitiendo que surja una realidad más profunda.

Primera etapa
Aplicación de la experiencia práctica no-dual

La iluminación, el despertar y la liberación son conceptos ampliamente discutidos, pero rara vez se explica el camino para llegar a ellos. Me pregunto cómo alguien puede esperar alcanzar el estado de no-dualidad sin primero aprender a manejar su mente y silenciar el ruido del ego. Esto se logra a través de prácticas concretas de observación, concentración y meditación; métodos que no son exclusivos de la no-dualidad, sino que también forman parte del Raja Yoga según Patanjali. Sin dedicarnos a estas técnicas, el camino hacia la introspección profunda, el autoconocimiento y la meditación, se vuelve mucho más dificultoso.

 Abordar la no-dualidad sin una dedicación profunda a las prácticas que facilitan la comprensión y experiencia directa de este estado es como intentar cruzar un océano sin barco. En la cultura moderna, donde la gratificación instantánea prevalece, muchos buscan atajos hacia la liberación, descuidando el viaje esencial que implica la transformación profunda. La liberación, un estado de ser donde el individuo trasciende la dualidad y se fusiona con la totalidad, no es un destino que se alcanza a través de la mera conceptualización o el deseo superficial.

La proliferación de discursos sobre la no-dualidad en plataformas digitales y redes sociales ha democratizado el acceso al conocimiento espiritual, pero también ha simplificado en exceso conceptos que son intrínsecamente complejos y profundos. Esta simplificación conduce a una comprensión superficial, donde el verdadero significado de la práctica espiritual se pierde en la traducción.

Se habla con ligereza sobre la iluminación y la liberación, como si fueran estados que se pueden alcanzar leyendo un libro o viendo un documental, ignorando las rigurosas disciplinas de meditación, concentración y autoindagación que son fundamentales en el camino hacia la realización espiritual.

La verdadera esencia de la no-dualidad, por lo tanto, no se encuentra en el discurso intelectual ni en el consumo pasivo de contenido espiritual. Se descubre a través de un compromiso activo y persistente con prácticas que desafían y refinan nuestra percepción de nosotros mismos y del mundo. Sin este compromiso, la búsqueda de la no-dualidad corre el riesgo de convertirse en otra moda pasajera, despojada de su poder transformador y reducido a mera charlatanería espiritual.

La crítica no es hacia la búsqueda espiritual en sí misma, sino hacia la tendencia a trivializar la profundidad y la disciplina que requiere la verdadera transformación. La invitación es a abrazar el camino hacia la no-dualidad con la seriedad y dedicación que merece, reconociendo que la liberación es el fruto de un proceso profundo y continúo de autoconocimiento y verdadera práctica espiritual.

Al adentrarnos en las profundidades de la meditación dhyana, se nos abre la puerta a una experiencia transformadora: la fusión con el todo, un encuentro íntimo con la conciencia universal, el Sí Mismo o Ser (Atman-Brahman). Esta vivencia es un espejo del Samadhi, donde la unidad y la conexión se vuelven palpables. El estado de Samadhi, en esencia, es una evolución natural o una fase avanzada de la meditación dhyana. En mi exploración de este viaje espiritual, me enfocaré en desglosar y profundizar en los tres primeros escalones de esta sagrada escalera: la observación, la concentración y la meditación, guiando paso a paso hacia la cumbre de la autoconciencia.

I. Iniciación a la Observación: Este primer escalón consiste en discernir entre el observador y lo observado. Aquí, nos desprendemos de la identificación con pensamientos y objetos externos, asumiendo el rol de un espectador imparcial. Este paso marca el inicio de un viaje introspectivo, desligando el yo de las distracciones externas y los pensamientos efímeros. Es el umbral hacia una comprensión más profunda donde el testigo conocedor comienza a percibir la vacuidad o vacío de pensamientos, incluso, las pausas o intervalos entre pensamientos. No obstante, este estado entra dentro de la dualidad sujeto-objetiva.

II. Profundización en la Concentración: En esta fase, integrando conocimiento, atención-sostenida y autoconciencia, se despierta una comprensión más profunda de nuestro verdadero ser. La fusión de la conciencia, atención y conocimiento conlleva a la disolución del yo mental y la despersonalización, es decir, uno se despersonaliza, permitiendo que la misma atención se purifique y centre en su única esencia. Aquí, comenzamos a trascender la individualidad y el mundo objetivo, abriendo las puertas hacia la no-dualidad,

La imagen representa tres estados: observación o abstracción, donde se observa la dualidad; concentración, un estado de no-dual; y meditación, la verdadera meditación no-dual; iluminación o liberación, la experiencia de unidad (consecuencia de la meditación), conforman una secuencia progresiva de estos tres estados mentales. Cada fase es un peldaño que lleva al siguiente, culminando en la revelación profunda de la conciencia-testigo. A lo largo de estos tres niveles de práctica, la conciencia se mantiene como un hilo dorado de atención y conocimiento enfocado. Mientras se avanza en la meditación interna, la identidad asociada al cuerpo-mente y al mundo objetivo se va diluyendo, permitiendo que surja una realidad más profunda.

en la que la conciencia empieza a reconocerse y afirmarse en su propia naturaleza.

III. Culminación en la Meditación: En este estado, la conciencia y el conocimiento se convierten en los verdaderos protagonistas. La conciencia se hace plenamente consciente de sí misma y de su entorno, rompe todas las fronteras, liberándose de cualquier superposición con la mente, el ego y los objetos externos. Lo que prevalece es una

Está imagen representa dos caminos espirituales contrastantes hacia la no-dualidad. La imagen diferencia visualmente entre el complejo y laberíntico "Camino Indirecto" lleno de símbolos tradicionales de meditación, y el claro y directo "Camino Directo" que conduce directamente hacia un orbe radiante de luz, simbolizando un acceso rápido y sin mediaciones a la realidad no-dual. Cada camino está representado con elementos distintos para destacar el cambio conceptual de dualismo a no-dualismo de una manera más realista y comprensiva.

atención-conocimiento puro, una unidad libre de ataduras, donde la conciencia se distingue claramente de los objetos. Este estado conlleva a un conocimiento y atención estables, tanto interna como externamente, revelando la esencia inmutable del Ser.

En nuestra exploración del autodescubrimiento, distinguimos dos rutas esenciales: la vía indirecta y la vía directa. Analicemos cada una:

La Vía Indirecta: También conocida como el camino progresivo, esta ruta es la más accesible y adoptada en prácticas como el mindfulness, la observación consciente, la concentración psicológica, y el raja-yoga. Se caracteriza por su enfoque dualista y gradual, basado en la relación sujeto-objeto. Aunque resulta ser una herramienta eficaz y terapéutica en las etapas iniciales, existe el peligro de que el practicante se acomode en cierto nivel de progreso sin empujar los límites hacia una comprensión más profunda como la no-dualidad

La Vía Directa: Este camino representa la ruta más corta, libre y rápida hacia la comprensión de la realidad no-dual. Aquí, el enfoque trasciende el uso de herramientas personales para ir más allá de la mente individual. Los desafíos principales son la mente, el cuerpo y el mundo objetivo, que se buscan controlar o trascender para descubrir la verdadera identidad. El núcleo de esta vía es el descubrimiento de quién eres y quién no eres, desde la perspectiva de la conciencia-testigo.

En el corazón de nuestro viaje espiritual, atravesamos las etapas encantadas de observación, concentración y meditación, cada una un peldaño hacia la anhelada liberación. Es un baile delicado y progresivo con la sabiduría, donde cada paso suavemente disipa las capas de ignorancia que nos envuelven. Este camino, bordado con momentos de claridad y revelación, nos lleva hacia el despertar de nuestra conciencia-conocimiento. Aquí, en este viaje de transformación, nos desprendemos de las ataduras del yo personal, emergiendo en un estado de auto-reconocimiento pleno, un lugar donde nos encontramos verdaderamente con nuestra esencia más pura y eterna.

Esta imagen representa la meditación o atención no-dual, donde la
verdadera surge desde la conciencia testigo que habita en el presente.
La línea recta que sale de la frente simboliza la concentración
ininterrumpida, un estado de atención pura y sin esfuerzo. Cuando la
línea se vuelve quebrada, representa la mente que divagando, donde la
atención se dispersa tras momentos de claridad. Este flujo entre lo recto
y lo quebrado refleja la práctica de la meditación: la raya recta simboliza
la atención estable, la quebrada representa el estado de divagación o
pensamientos intrusivos.

El arte de observar

En el corazón de este libro yace una verdad fundamental: la teoría presentada aquí no alcanza su plenitud sin una práctica complementaria, la cual será detallada en las páginas siguientes. La filosofía de la no-dualidad se sostiene sobre dos pilares esenciales: una parte teórica y otra práctica. Mientras que la teoría proporciona la estructura conceptual el entendimiento y la comprensión, es la práctica la que verdaderamente nos abre las puertas hacia una experiencia directa y transformadora.

Este capítulo marca el inicio de ese viaje práctico, invitándote a participar activamente en la exploración de la no-dualidad, no solo como un concepto para contemplar, sino como una vivencia para encarnar y experimentar en la profundidad de tu ser.

Este texto resume la idea de que la práctica es esencial para complementar y dar vida a la teoría en el estudio. En un mundo donde el ruido externo a menudo ahoga nuestra voz interior, te invitamos a embarcarte en un viaje transformador: el arte de observar, indagarte a ti miso, al mundo sujeto-objetivo como puerta de entrada a la no-dualidad. Esta práctica ancestral, renovada para el mundo moderno, te ofrece un camino hacia la armonía y la comprensión profunda del universo y de ti mismo.

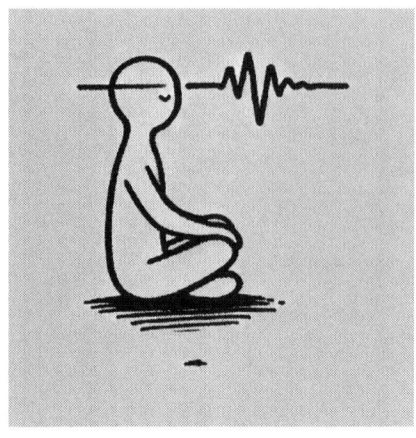

Este monigote de perfil meditando, con una línea recta seguida de una quebrada, similar a un electroencefalograma, simboliza la observación consciente, el primer paso hacia la no-dualidad. Representa a una persona en la práctica de la introspección. La línea recta indica que, al cerrar los ojos, resulta fácil mantenerse atento y presente, como se refleja en el EEG plano. Sin embargo, pronto surgen pensamientos, representados por la línea quebrada, que muestran la transición de un estado relajado a uno mentalmente alterado. En la meditación no-dual, la atención permanece estable, inmutable, como un fondo constante, mientras los pensamientos surgen y desaparecen en primer plano. La conciencia testigo emana desde lo más profundo de nuestro ser, observando los pensamientos como una película que aparece y se desvanece delante de un testigo observador que todo lo ve.

El corazón de esta práctica es la observación consciente y sostenida en el momento presente, procurando no divagar. Aprende a observar tus pensamientos, la vacuidad o vacío (Shunyata) de pensamientos, emociones y el mundo que te rodea sin juicio. Esta observación despierta tu capacidad para ver más allá de las apariencias, llevándote a una comprensión más profunda de la realidad. Estás a un paso de transformar tu percepción del mundo y de ti mismo. ¿Estás listo para abrir la puerta a la no-dualidad?

El viaje del discernimiento entre dualidad y no-dualidad demanda principios clave: discernimiento agudo, desapego emocional, dominio de la mente, persistencia en la indagación, reconocimiento de superposiciones e ilusiones, y una reflexión profunda sobre la práctica. En la visión no-dual este el enfoque trasciende los preceptos éticos y morales, centrando su esencia en la revelación de la conciencia-testigo, fusionando atención plena y conocimiento profundo.

La práctica de la observación es un fascinante viaje hacia el conocimiento de uno mismo y del mundo. Aunque no es aun verdaderamente un camino hacia la no-dualidad, puede servir como puerta de entrada hacia ella. Este proceso implica cultivar una aguda conciencia del momento presente, observando los pensamientos, emociones y sensaciones sin juicio ni apego. Al hacerlo, uno puede comenzar a ver la ilusión de la separación entre el observador y lo observado, allanando así el camino hacia un vacío de pensamientos y la comprensión de la no-dualidad.

Esta práctica, que es más una exploración que un destino, invita a los practicantes a experimentar la vida desde una perspectiva más integrada y unificada, donde la distinción entre el yo y el otro se va disolviendo gradualmente. Al trascender estas divisiones percibidas mediante la observación, se puede alcanzar un estado de consciencia en el que se experimenta la unidad con todo lo que existe, entras así en la no-dualidad

La observación implica cultivar una presencia y conocimiento consciente, donde uno se convierte en testigo-observador-conocedor de sus propios pensamientos, emociones y sensaciones sin identificarse con ellos. Esto ayuda a percibir que estos fenómenos son transitorios y no definen la verdadera esencia del ser. Cuando la observación es externa, uno se convierte en un observador del mundo objetivo, esto implica observar el mundo y los objetos sin pensarlos, solo la atención-conocimiento sujeto-objetiva está presente.

A través de la observación cuidadosa, uno puede empezar

Imagen que ilustra la observación interna y externa durante el estado de introspección. La burbuja de pensamientos refleja la conciencia interna de pensamientos intrusivos y emociones, la flecha hacia afuera simboliza la percepción del entorno, como sonidos, incomodidades corporales u otros estímulos externos que desvían la atención presencial. Es común que la atención oscile entre lo interno y lo externo, dificultando la concentración firme y provocando una pérdida de enfoque.

a ver cómo el ego crea separación y dualidad, etiquetando y juzgando las experiencias. Reconociendo esto, se puede desidentificar del ego y acercarse más a una experiencia de unidad.

Observar permite ver más allá de las etiquetas y categorías mentales, acercándose a una experiencia directa e inmediata de la realidad, libre de conceptos mentales, sin olvidar que mientras exista un sujeto-objeto no deja de ser una dualidad.

La observación en el contexto de la no dualidad es una práctica dual, consiste en atestiguar conscientemente la realidad sin identificación con las experiencias individuales. Comienza a facilitar el reconocimiento de la unidad fundamental de la existencia, disolviendo las barreras percibidas entre el yo y el otro.

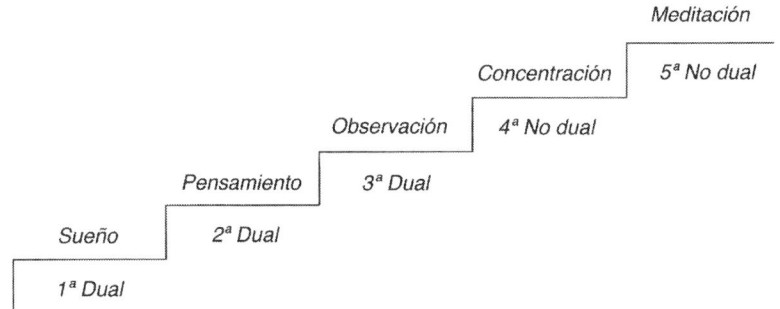

Meditación

Concentración   *5ª No dual*

Observación   *4ª No dual*

Pensamiento   *3ª Dual*

Sueño   *2ª Dual*

1ª Dual

La práctica de la meditación se puede entender como una escalera de cinco estados de conciencia, que abarcan desde la dualidad hasta la no-dualidad. El sueño y el pensamiento son estados duales, donde predomina la separación entre el "yo" y lo experimentado. La observación o abstracción consciente marca una transición hacia la no-dualidad, aunque aún mantiene cierta separación dual. En la concentración, la distinción entre sujeto y objeto comienza a desvanecerse. Finalmente, la meditación no-dual trasciende la dualidad por completo, donde la conciencia se unifica sin esfuerzo y sin un "yo" separado. La estabilidad en cada estado depende de la experiencia y la práctica de cada uno, permitiendo que la conciencia se asiente más tiempo en los niveles de atención cada vez más profundos de la no-dualidad.

Primera práctica
La observación interna

La "observación interna" (Pratyahara) se entiende como un viaje hacia el autoconocimiento y la autoconsciencia. En este proceso, la idea de "dualidad" —la creencia en una separación entre el individuo y el mundo— es cuestionada como una ilusión. Esta dualidad se manifiesta en formas como la división entre el observador y lo observado.

La observación se inicia con la introspección, un proceso también conocido como abstracción u observación, términos usados por Patañjali en la raja-yoga. En este contexto, exploraremos la introspección desde la perspectiva no-dual del Advaita (no-dualidad).

Diriges tu atención concentrándote en un único elemento, tal como el ritmo natural de tu respiración, vacío de pensamientos o un espacio mental donde los pensamientos están ausentes. Aunque esta práctica no llega a ser meditación no-dual, ofrece una valiosa oportunidad para explorar y comprender las dinámicas de la mente. Esta fase preparatoria te ayuda a familiarizarte con el proceso de enfocar la atención-conocimiento, estableciendo una base sólida para prácticas de meditación más avanzadas que vendrán despues.

Comenzarás a notar tus pensamientos justo cuando surjan. Al hacerlo, experimentarás un fenómeno mental donde presenciarás tanto el surgimiento de estos pensamientos como su detección por parte de la atención consciente y presente. Luego, estos pensamien-

La imagen representa un proceso fundamental que ocurre en el cerebro durante la observación interna en la meditación. La atención está presente inicialmente, luego surge un pensamiento (simbolizado por la línea recta y la quebrada). Posteriormente, la atención se percata de que ha sido atrapada por esos pensamientos, perdiéndose en historias del pasado o del futuro (representado por la línea recta, que simboliza esa toma de consciencia sin pensamiento). Esta dinámica muestra cómo muchos meditadores experimentan su práctica: atención—pensamientos—atención. Entre dos momentos de atención, surgen pensamientos, y entre dos pensamientos, se abre un espacio de atención plena, un vacío o pausa que invita al reconocimiento de la no-dualidad. Conocer este ciclo de la mente es esencial para lograr calmarla y profundizar en la experiencia meditativa.

tos se desvanecerán, pero tu atención se mantendrá activa por un tiempo que dependerá de tu experiencia previa. Mantén el cuerpo estable y evita el sueño, si te duermes abre los ojos, luego los cierras.

La introspección se centra en identificar y observar los pensamientos, reconociendo que son narrativas cambiantes. Con una mente más tranquila, se hacen más evidentes los momentos de silencio entre pensamientos (pausas o vacío de pensamientos), dando lugar a que la atención adquiera mayor relevancia. El propósito es cultivar una atención más sostenida y continua, donde solo el testigo-conocedor permanece.

La práctica de la observación interna se centra solo en explorar y expresar nuestro mundo interior, distanciándose del mundo externo y sus estímulos sensoriales. Esta práctica requiere que los cinco sentidos permanezcan inactivos o desconectados para evitar distracciones del exterior. Así, se facilita la concentración en los procesos y experiencias internas.

Aunque prestar atención a sonidos específicos o visualizar imágenes puede parecer similar, no equivale a la observación interna.

Estas actividades involucran los sentidos y se relacionan más con la observación externa. En cambio, la observación interna se dedica exclusivamente a percibir y comprender lo que surge desde nuestro interior, sin la intervención de los sentidos, como pensamientos, emociones etc.

Los pensamientos no poseen una existencia autónoma. Para mantenerse, requieren de tu atención; eres tú quien los alimenta y les da vida. Carecen de conciencia propia y dependen de tu energía para subsistir, ya que es habitual que los nutras. Sin tu atención, simplemente se desvanecen.

Comienzas un proceso donde actúas como un espejo, reflejando todo sin identificarte con nada. Gradualmente, la velocidad de tus pensamientos empezará a reducirse. La clave del discernimiento es comprender que todo lo que se refleja en tu mente no tiene realidad propia. Con la práctica, aprenderás a notar cómo tu mente piensa, compara, evalúa y juzga, incluyendo la creación inconsciente de pensamientos negativos. Desarrollarás herramientas positivas para manejar esto, percibiendo tu mente-pensamientos como un teatro que finalmente desaparece.

En la práctica de la introspección, contamos con la habilidad de ser meros observadores de lo que está presente en nuestro interior. La entidad que asume el rol de espectador se encuentra en una posición de observador respecto a lo que está siendo observado. Para no perderse en los pensamientos, se evitará saltar de un objeto a otro. Es esencial no detenerse a profundizar, analizar o juzgar un pensamiento nos hace recaer en él, perdiendo la posibilidad de solo observarlo.

El propósito de la observación o concentración-psicológica es reconocer la "existencia o ausencia de pensamientos, o un estado de vacío mental". Este punto de enfoque delicado y activo es crucial en la práctica de la observación. Para sostener la observación, es importante evitar desplazarse de un pensamiento a otro. Aunque esta es la primera etapa de la práctica interna, aún representa una forma de dualidad. Al cuestionarse "¿quién observa los pensamientos?",

se entiende que debe haber una consciencia detrás de ellos, perpe-
tuando así la existencia de una relación sujeto-objeto que tiene que
extinguirse y convertirse en un estado de atención presente y estable.

Estas prácticas son clave para comprender la no-dualidad. Com-
plementariamente, la observación externa, practicada junto con la
interna, refuerza la habilidad de mantener una atención continua y
fluida en las actividades cotidianas, convirtiéndolas en parte de un
estado de conciencia constante y consciente.

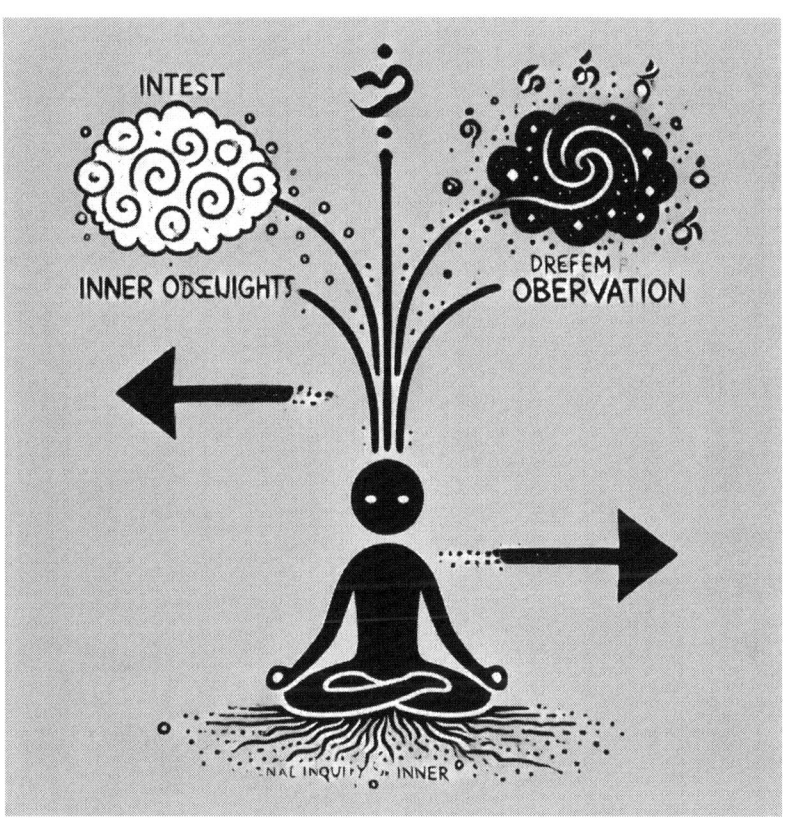

La imagen representa la indagación interna durante la meditación, donde el practicante se enfrenta a una encrucijada con tres posibles caminos: perderse en los pensamientos, profundizar en la meditación, o tomar una decisión consciente.

Izquierda: El camino descendente, lleno de nubes de pensamientos y símbolos que representan sueños, muestra la pérdida de la atención en pensamientos dispersos.
Centro: Un camino recto hacia arriba simboliza la meditación profunda, la mente abierta y la experiencia no-dual, donde los conceptos mentales se disuelven.
Derecha: Un camino recto representa la decisión consciente, la capacidad de elegir el enfoque de la mente.

Las flechas gruesas a los lados, hacia la izquierda y la derecha, simbolizan las fuerzas de la dualidad que constantemente influyen en la mente del practicante.

La indagación interna en la observación interna

Al emerger los pensamientos, el practicante enfrenta un desafío crucial: la habilidad de "darse cuenta" y mantener el interés. En este punto crítico, se presentan tres caminos:

I.   Sucumbir y descender hacia el laberinto de pensamientos y sueños.
II.   Ascender hacia una meditación verdadera, desvinculándose de los conceptos mentales.
III. La decisión recae completamente en ti; aquí, solo tú tienes el poder de elegir tu camino.

Los inexpertos en la meditación suelen perderse en cuatro laberintos comunes:

I.   Se distraen con el flujo constante de pensamientos.
II.   Se desvían hacia sensaciones físicas, como la vista y el oído.
III. Se sumergen en las fantasías oníricas.
IV.   En la "observación interna", pueden desorientarse hacia lo externo, mientras que en la "observación externa", se enredan en pensamientos internos.

Cuando logres desprenderte de estas cuatro distracciones, habrás iniciado el verdadero viaje de la observación interna. Con los ojos ce-

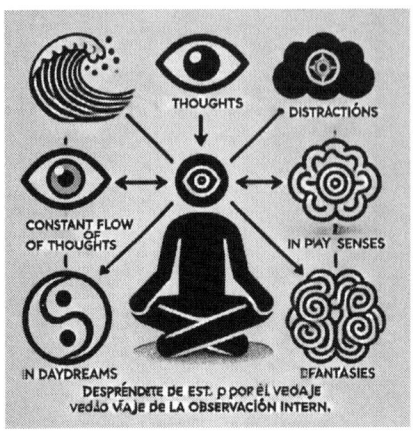

La imagen representa cuatro distracciones comunes en los inexpertos durante la observación interna: El ojo y el oído representan las distracciones sensoriales, como la vista y el sonido, que desvían la atención. La nube simboliza la tendencia a perderse en sueños y fantasías, alejando al meditador del presente. Los caminos enredados reflejan la confusión entre la observación interna y externa, donde la no-dualidad revela que ambos surgen en el mismo espacio de conciencia. Las olas del mar simbolizan el flujo constante de pensamientos, que aparecen y desaparecen solos en la mente, desafiando la percepción de no-dualidad.

rrados, evitarás sumergirte en el mundo de los pensamientos y los sueños. Comenzarás a reconocer que estás en el corazón de la introspección cuando percibas cómo los conceptos mentales se esfuman y se disuelven. Aunque en esta fase todavía existe una dualidad entre el observador y lo observado, ya no te identificarás completamente con tus pensamientos.

Inicia una práctica de meditación para explorar la percepción interna. Centra tu atención en el presente y observa los pensamientos que surgen, cerrando los ojos e imaginándote en una sala de cine vacía, enfocado en una pantalla blanca. Mantén serenidad y curiosidad, permitiendo que pensamientos, imágenes y sonidos emerjan sin intervención. Conviértete en un observador consciente de estos elementos antes de que dominen completamente tu atención, experimentando sin preconcepciones ni acciones deliberadas.

Esta es una imagen que simboliza la introspección o la observación interna, observando las nubes o las olas del mar que representan la inestabilidad o estado fugaz de los pensamientos. Cada ola o nube es distinta, representando diferentes pensamientos que surgen y desaparecen en la mente, mientras el meditador los observa sin apego, en una experiencia no-dual donde observador y pensamientos forman parte de la misma conciencia. Cuando el meditador no está acostumbrado a sostener la atención por largo tiempo en el momento presente, percibe los pensamientos como olas o nubes pasajeras, surgiendo y disolviéndose. Estas visiones son manifestaciones de la mente que reflejan su naturaleza cambiante.

El arte de percibir los pensamientos

1. ¿Puedes percibirlos? ¿Eres capaz de sentir su presencia?

2. ¿Logras discernir su naturaleza antes de que cambien? ¿Puedes observarlos sin enredarte en ellos? ¿Eres capaz de hacerlo sin reflexionar sobre ti mismo?

3. Es fascinante cómo los pensamientos no solicitados pueden desviarnos hacia rumbos irracionales. "Haz esto", "di aquello", "recuerda", "planea", "preocúpate", "juzga"... a menudo, consiguen su propósito.

4. Si visualizas los pensamientos como nubes pasajeras, cualquier pensamiento emergente se convierte en un fenómeno efímero. Pero si te dejas arrastrar por ellos, es como subirte a un tren en marcha sin saber cuándo podrás bajarte.

5. El enfoque radica en ser conscientes de nuestras experiencias, ya sean físicas, mentales o emocionales, con aceptación abierta.

6. El secreto de esta meditación es aprender a liberarnos de los patrones de pensamiento recurrentes. No se trata de cambiar el foco de nuestra atención, sino de afinar la calidad de la atención en sí. Esto requiere práctica constante, repetida tantas veces como sea necesario.

7. Estamos en el presente cuando los pensamientos cesan.

8. Se consciente del instante cuándo tu mente se dispersa y verás cómo el pensamiento se disuelve. Cuanto más consciente seas de este proceso, más presente estarás, hay un conocedor que conoce.

Imagen que simboliza a observador percibiendo cómo los
pensamientos se disuelven al ser conscientes de ellos,
con líneas que se dispersan y desaparecen al acercarse
al meditador. El círculo alrededor de la cabeza representa
el conocedor, esa presencia consciente que permanece atenta.
Los pensamientos son como ondas en la superficie del agua,
fruto de ideas preconcebidas que aparecen,
se quedaran un rato y seguido desaparecerán, solo una actitud
atencional de observación se dará cuenta de este evento.

9. Esfuérzate en captar el instante preciso en que tu mente cambia; para ello, mantén una vigilancia constante.

10. Reconoce la diferencia entre los pensamientos emergentes y la mente que los observa. No dejes que ninguna experiencia se adelante y comiences a rumiar.

11. Identifica lo que intensamente capta tu atención, esa inclinación a ser absorbido por experiencias machaconas. Permite que tu conciencia-testigo examine estos patrones recurrentes sin juzgar.

12. Los pensamientos no son verdades absolutas; son más bien interpretaciones que la mente usa para decodificar la realidad. Meditar es un flujo continuo de atención que facilita la comprensión. En este caso es observar la aparición y desaparición de pensamientos, emociones y sensaciones, liberándote del sentido del "yo" individual.

13. Evita emitir juicios de valor, ya que nos alejan del aquí y ahora. Es crucial liberarse de la tendencia a juzgar nuestras propias experiencias.

14. La realidad no siempre coincide con nuestras expectativas o deseos. Lo importante es aceptar lo que sucede en cada momento tal como es, sin intentar cambiarlo.

Cuando estés preparado y con más experiencia, descubrirás que al mirar hacia tu interior emergen todo tipo de sensaciones, emociones y pensamientos. Parece que eso es todo lo que hay, pero si prestas atención, notarás un observador o conocedor singular. Si puedes ver los pensamientos, también puedes ver al que los ve. Esta conciencia-testigo lo percibe todo: la mente, el cuerpo, las emociones, incluso a sí mismo.

ASÍ FUNCIONA LA MEDITACIÓN CUANDO NO TIENES EXPERIENCIA

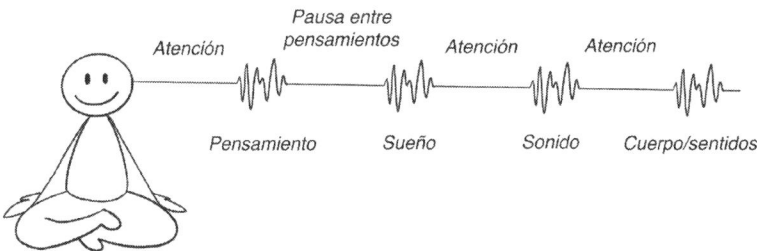

Los intervalos entre pensamientos son esos momentos de quietud mental, donde un pensamiento desaparece y el siguiente aún no ha surgido. Aunque parece un espacio de dualidad, ya que existe un observador y un vacío observado, el verdadero avance ocurre cuando el observador se observa a sí mismo. Esto es la no-dualidad. Percibir esos breves momentos de atención o vacío entre pensamientos muestra que la mente se detiene y permite la aparición consciente sin interferencias. Este es un buen indicio de progreso, ya que con la práctica, la atención se estabiliza de manera natural y los pensamientos pierden fuerza, dejando más espacio para la atención presencial.

Indagando el intervalo o vacío entre pensamientos

Los intervalos entre pensamientos son esos instantes de silencio o vacío que se presentan entre un pensamiento y el siguiente. Al enfocar la atención en estos espacios, nos desvinculamos de nuestra identificación con los contenidos mentales, acercándonos un poco más a la vivencia de la no-dualidad. La conciencia, actuando como un observador, se enfoca en estos intervalos, tanto en la transición de los pensamientos como en los periodos donde estos están ausentes. Este ejercicio de anticipación y atención sostenida, adquirido con práctica, es clave para desentrañar el complejo entramado de nuestra mente.

En el vacío entre dos pensamientos, se representa una dualidad: un observador y el intervalo observado. Este intervalo es constante, a diferencia de los cambiantes conceptos mentales, y puede ser percibido por una entidad distinta. Percibir estos breves espacios de vacío señala que la mente se extingue antes de un nuevo intervalo, momento en el que la atención se intensifica, indicando avances como la introspección entra en escena observando el silencio interno.

Este estado de quietud se disipa con la reaparición de los pensamientos y renace cuando los pensamientos se extinguen. Su presencia señala los primeros avances hacia la verdadera atención, aunque es importante no confundirlo con la experiencia de la no-dualidad, que luego veremos.

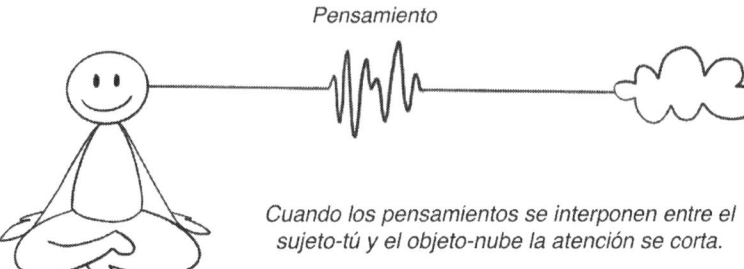

Pensamiento

Cuando los pensamientos se interponen entre el sujeto-tú y el objeto-nube la atención se corta.

Hay dos momentos notables, marcados por breves instantes de vacío o silencio mental, que cobran importancia cuando la atención está plenamente enfocada. Estas pausas emergen a medida que crece nuestra atención y comprensión. Con el paso del tiempo, el flujo incesante de pensamientos comienza a disminuir, dando paso a una secuencia intermitente de vacuidad que acompaña un estado de atención más sostenido. Este estado de conciencia se intensifica y se extiende con cada día que transcurre, reflejando un crecimiento en la práctica de la atención plena.

Puedes considerar esto como los vagones de un tren de carga: vagón-espacio-vagón. O como un collar de cuentas, donde cada pensamiento es una cuenta y el hilo que las une representa la atención plena, que permanece constante tanto en la presencia como en la ausencia de pensamientos.

La imagen del tren antiguo con vagones separados, que simboliza
los pensamientos y los espacios de quietud entre ellos, como se menciona
en el proceso de la meditación. Lo que describe resuena profundamente
con la práctica de la no-dualidad. Los intervalos entre pensamientos
representan esos momentos de quietud pura, donde se experimenta
la conciencia sin contenido. Aunque inicialmente parezca que hay un
observador y algo observado (el vacío), el verdadero despertar ocurre
cuando esa dualidad se disuelve, y lo que queda es la pura presencia,
el Ser sin división. Estos instantes son como ventanas que se abren hacia
la naturaleza de la mente misma, mostrando que el flujo constante de
pensamientos no es necesario para la percepción de la realidad.
Con la práctica, esos espacios se alargan y la mente empieza a rendirse,
permitiendo que la conciencia establecida en la atención pura se revele
por si sola.

Práctica de observación de los pensamientos y el vacío

- Si no tienes experiencia en esto, comienza enfocando tu atención en la respiración para calmar la mente. Observa cómo los pensamientos emergen y desaparecen solos mientras observas la respiración.

- Lo importante es que te des cuenta de la presencia y ausencia de los pensamientos, sin implicarte en los contenidos mentales.

- Notar cómo los pensamientos aparecen y desaparecen, sin engancharse en ellos. Tomar conciencia de ser el observador distante, testigo de la mente en acción.

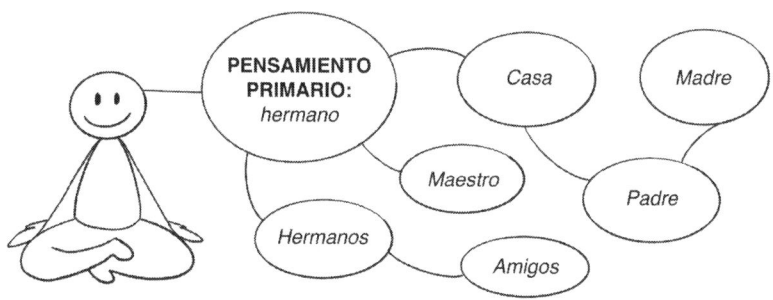

Pensar en presente no es fácil, enseguida aparecen pensamientos secundarios asociados a este, son pensamientos pegajosos, parásitos, asociados al pensamiento primario.

- Atención en el surgimiento de pensamientos. Observar el instante preciso en que un nuevo pensamiento emerge.

- En la quietud, observa cómo, desde la nada, un pensamiento surge lentamente. Es como ver una burbuja aparecer en el agua tranquila, creciendo hasta que se hace visible y clara.

- Cada pensamiento tiene su fin. Nota cómo se desvanece, desintegrándose en el aire, dejando tras de sí un rastro de silencio, como una estrella fugaz que desaparece en la oscuridad del cielo.

- Al observar los pensamientos, te das cuenta de su naturaleza efímera. Nacen y mueren, pero tú permaneces. Eres el observador constante de este fluir incesante, como un faro inmóvil en medio de un mar agitado.

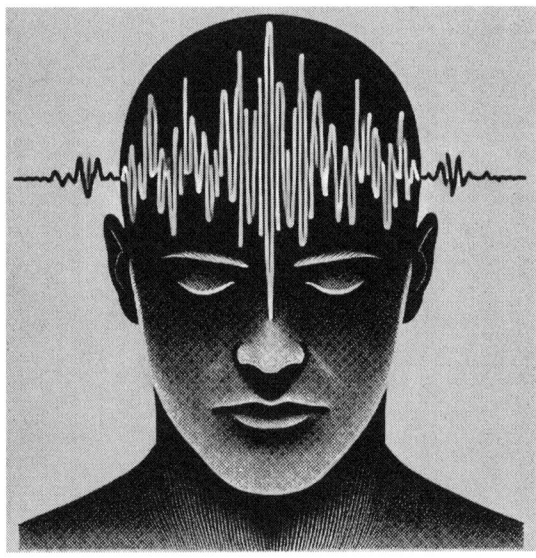

Esta imagen representa a una persona meditando. Desde su frente que simboliza el interior, emerge dos líneas rectas hacia ambos lados que simboliza la atención enfocada siempre presente, que luego se transforma en una línea quebrada similar a un electroencefalograma, representando los pensamientos intrusivos que corta la atención consciente.
No obstante, la línea siempre vuelve a su forma natural recta, simbolizando el retorno a una atención concentrada y subyacente, permanentemente presente, la conciencia-testigo. Esta imagen captura visualmente la fluctuación entre atencion-divagación-atencion durante la meditación

Imagen que representa el collar de cuentas (Mala), con sus cuentas o abalorios separadas, simboliza los espacios entre pensamientos que surgen durante la observación meditativa. Cada cuenta representa un pensamiento o una distracción que surge y se disuelve, mientras que el hilo que las atraviesa simboliza la atención o conciencia subyacente. En la no-dualidad, esta conciencia es el contenedor de todo, siempre presente, sosteniendo tanto los pensamientos como los momentos de vacío entre ellos. Al meditar, la atención recorre las cuentas, pero es el hilo, la conciencia, lo que unifica y conecta todo, trascendiendo la separación aparente entre pensamientos y vacío. También se utiliza para contar mantras o respiraciones, El acto de mover las cuentas proporciona un anclaje de la atención. Al recorrer el collar, el meditador se entrena para observar sus pensamientos sin juzgarlos, enfocándose en el momento presente. No solo es una herramienta de conteo, sino un recordatorio tangible de la práctica consciente, ayudando a estabilizar la mente en la meditación.

• Observar el ciclo de los pensamientos es como contemplar las olas del mar. Cada pensamiento emerge como una ola que se eleva desde la profundidad del océano de la mente. Se forma, crece y finalmente se rompe en la orilla de nuestra conciencia, para luego retroceder y desaparecer, dejando tras de sí nada más que la playa vacía de nuestra atención.

• En este proceso, lo más fascinante es el espacio entre las olas, ese momento de calma entre un pensamiento que se desvanece y otro que está por surgir. Este intervalo es un refugio de silencio, similar a la pausa entre dos notas musicales, que no sólo da ritmo y sentido a la melodía, sino que también contiene su propia forma de música silenciosa.

• Con el tiempo y la práctica, estos espacios de vacío se vuelven más notorios y accesibles. Aprendemos a habitar en ellos, a encontrar confort en su serenidad. Se convierten en ventanas a una forma de consciencia más profunda, donde el constante zumbido de la mente da paso a un silencio elocuente.

• En el espacio entre un pensamiento que termina y otro que comienza, existe un vacío. Es un intervalo de pura tranquilidad, donde la mente está libre de formas y figuras, como un cielo despejado entre nubes.

• Entre ellos, descubrirás espacios vacíos, momentos de silencio que marcan el fin de un pensamiento y el inicio de otro. En esta observación, te darás cuenta de la naturaleza efímera de tus pensamientos, que pasan como nubes sin dejar huella.

VENTANA A LA NO DUALIDAD

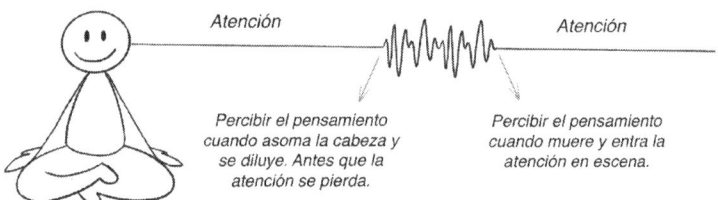

Cuando el pensamiento es percibido por el observador en su fase inicial, antes de nacer o se desarrolle completamente, puede disolverse sin tomar forma. Si no se detecta a tiempo, el pensamiento se despliega, y puede arrastrar a la atención a vivir una historia mental no intencional, dejándote distraído o ausente por un tiempo indefinido. Sin embargo, el pensamiento también puede ser observado cuando está muriendo, cuando tomas consciencia de que has estado pensando o inmerso en él. En ese momento, se disuelve y la atención plena vuelve a entrar en escena. Reconocer este proceso es esencial para cultivar una observación consciente y evitar caer en la distracción.

• Este proceso revela una verdad esencial: los pensamientos no son continuos, sino intermitentes, separados por intervalos de vacío. Al prestar atención a estos espacios, te desligas de la identificación con tus pensamientos y te acercas a una comprensión más profunda.

• En este viaje interior, te conviertes en el testigo de estos intervalos, un observador distante que nota tanto la presencia como la ausencia de pensamientos.

• Percibir estos intervalos de vacío significa que estás en un punto crucial, justo antes de la aparición de un nuevo pensamiento, donde la atención cobra importancia y se convierte en protagonista.

• Nota los intervalos de vacío entre los pensamientos, espacios de silencio mental.

• Con esta práctica de observación o introspección, el flujo constante de pensamientos comienza a detenerse por sí solo, dando paso a una secuencia más espaciada y a una atención más sostenida.

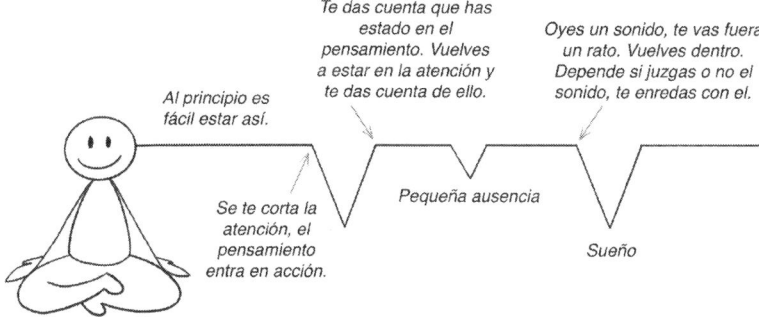

En la danza de la atención y el pensamiento, el observador interno se encuentra inicialmente en calma, donde la atención fluye sin esfuerzo. Sin embargo, el pensamiento surge, interrumpiendo esta quietud. En ese momento, la atención parece desaparecer, cautivada por el vaivén mental. Pero tras reconocer este desvío, el observador vuelve, retomando su lugar en la conciencia. A veces, un pequeño vacío emerge, una ausencia momentánea, donde los pensamientos cesan y solo queda un eco silencioso. Otras veces, el ruido externo irrumpe, y la atención fluctúa, dependiendo de si juzgamos ese sonido o lo dejamos pasar. En el sueño, la atención se pierde por completo, pero su regreso marca el reinicio de la consciencia. Todo este ciclo nos enseña a observar sin juzgar, permitiendo que la atención fluya libremente sin intención ni esfuerzo, reconociendo las ausencias como parte de un todo.

- El vacío entre pensamientos se convierte en un instante de plena atención, una pausa en el tiempo presente, distintivo de la práctica de la observación interna, pero no es sinónimo de no-dualidad.

- En estos breves intervalos (depende de la experiencia del observador), experimentamos un silencio repleto de atención y consciencia.

- Este silencio entre pensamientos no es un vacío sin sentido; es un espacio lleno de conocimiento, de presencia pura. En él, la mente se renueva y se prepara para el próximo pensamiento, como un artista que se detiene un instante antes de trazar la siguiente pincelada en un lienzo.

- Estos intervalos de silencio son oasis en el desierto de la actividad mental. Al prestarles atención, te sumerges en un mundo sin palabras, sin imágenes, solo paz y quietud, como estar en el centro de un lago sereno.

- A medida que tu práctica se profundiza, estos espacios de vacío se amplían, aunque aún estén influenciados por el ego.

- Una atención estable y continua te permite observar tanto el surgir como el desvanecerse de los pensamientos, lo que es indicativo de un avance atencional y autoconocimiento significativo de lo que pasa en tu interior.

- Permanece consciente de cómo los pensamientos fluyen y cesan, sin esfuerzo. Sé testigo del instante preciso en que surge un nuevo pensamiento desde el vacío.

- En cada espacio vacío, lleno de silencio, atención y conocimiento de lo que está pasando en el momento presente, sin pensar, se encuentra el único observador, el conocedor constante de todo lo que sucede en la mente.

- Estos intervalos emergen naturalmente, sin esfuerzo ni intención, revelando la simplicidad y profundidad de la conciencia.

- Estos espacios vacíos son tan importantes como los pensamientos mismos. En ellos, se encuentra la esencia de la calma y la posibilidad de un entendimiento más profundo, como el silencio que realza la belleza de una melodía.

Si puedes percibir el pensamiento podrás percibir también a quien los ve, a la misma atención.

Sucede como si el pensamiento estuviera delante y la atención atrás, en lo más profundo de ti mismo.

El proceso de observar no solo los pensamientos, sino también al que los percibe, es un paso clave hacia la no-dualidad. Cuando logras llevar la atención hacia el propio observador, surge una experiencia profunda en la que la separación entre el que observa y lo observado se desvanece (la dualidad deja de existir). Es como si el pensamiento estuviera delante y la atención en lo más profundo de ti, revelando que la fuente de la observación no es otra cosa que el mismo espacio de conciencia.
Al reconocer al que percibe, te das cuenta de que siempre ha estado ahí, inmutable, independiente de los pensamientos que van y vienen, permitiendo el acceso a una concentración no-dual.

- La belleza de este proceso está en su simplicidad y en su profundidad. No se requiere nada más que observar, ser testigo de la danza natural de la mente, de sus subidas y bajadas, de sus pausas y sus arranques.

- Al observar la mente y sus pensamientos, cada uno de nosotros se convierte en un arqueólogo explorando las ruinas antiguas de la conciencia. Cada pensamiento es como un fragmento de cerámica descubierto en el suelo, ofreciendo pistas sobre un mundo más amplio y profundo que yace oculto.

- Al observar estos pensamientos y vacío entre pensamientos, no como intrusos indeseados, sino como artefactos de descubrimiento, comenzamos a entender la trama de nuestra propia historia mental.

- Los espacios entre pensamientos son como los espacios en blanco en un manuscrito antiguo. Al principio, pueden parecer vacíos

La práctica de la observación externa puede llevarse a cabo en cualquier
lugar, sin necesidad de abrir los ojos. Lo esencial es sostener la atención
el mayor tiempo posible, desconectando cuerpo y sentidos,
y especialmente ignorando cualquier estímulo externo, por muy
atractivo que sea, como una nube en el cielo. Si queremos aprender
a dirigir y mantener la atención en el interior, debemos evitar que lo
externo nos distraiga. Este es el corazón de la meditación: comenzar de
dentro hacia fuera, permitiendo que la conciencia interna guíe la
experiencia, libre de distracciones sensoriales.

e insignificantes, pero con una observación atenta, revelan su propia
historia.

• Estos espacios de silencio son oportunidades para escuchar el
eco de nuestra verdadera naturaleza, la conciencia, siempre presente,
más allá del ruido constante de la actividad mental. Son como claros
en un bosque denso, donde la luz del sol se filtra y nos permite ver
con mayor claridad.

• En estos momentos de vacío, descubrimos una libertad des-
conocida, un respiro del constante diálogo interno. Como un lago
tranquilo sin ondas, estos intervalos ofrecen una superficie clara y
serena que refleja nuestra verdadera esencia.

- Aprendemos a navegar por el paisaje cambiante de nuestra mente, encontrando belleza tanto en los picos y valles de nuestros pensamientos como en las vastas llanuras de nuestros silencios.

Vivir la vida siempre desde el presente continuo y eterno, desde la conciencia o desde el interior.

- En esta simplicidad yace una profunda sabiduría, un camino hacia una comprensión más íntima de la vida y de nosotros mismos.

Observación Interna: primera práctica en la No-Dualidad

Este capítulo se centra en la observación interna (Pratyahara), la primera práctica fundamental en el camino hacia la experiencia no-dual. Esta técnica se considera un puente entre la dualidad y la no-dualidad, facilitando las herramientas para observar la mente y comprender la naturaleza de los pensamientos sin identificarse con ellos. A través de la observación interna, se cultiva la atención consciente y se da inicio a la desconexión progresiva del yo y surge el vacío de pensamientos. La observación interna es un proceso introspectivo que se realiza con los ojos cerrados, aislando al practicante de los estímulos externos. El objetivo es redirigir la atención hacia los pensamientos y emociones internas, sin permitir que los sentidos interfieran. Al centrarse en los fenómenos mentales, se comienza a desvelar la naturaleza transitoria de los estímulos internos y la relación entre el observador y lo observado.

En el Advaita, el discernimiento (Viveka) es la capacidad de diferenciar entre lo real y lo irreal, lo eterno y lo transitorio. A través de este proceso, el practicante reconoce la ilusión de la dualidad y despierta a la conciencia. El vacío entre pensamientos, en la no-dualidad, representa momentos de silencio y atención pura. Estos intervalos revelan la presencia constante de la conciencia-testigo, libre de identificaciones con los pensamientos.

El rol del observador en la no-dualidad es el de la conciencia-testigo, que observa pensamientos, emociones y el mundo sin identificarse con ellos. El observador comienza a no está separado de lo observado, facilitando el reconocimiento de la unidad subyacente mediante la atención estable.

El estado de observación es clave para trascender la identificación con pensamientos y percepciones. Al mantener la atención sostenida y desapegada, se abre un espacio de autoconocimiento y quietud. Este proceso revela la naturaleza transitoria de los pensamientos y permite un acceso más profundo a la conciencia-testigo no-dual.

Imagen de una persona sentada en un banco de parque, observando atentamente un árbol donde algunos pájaros están posados. La imagen encapsula un instante de observación externa profunda, destacando un estado de paz y una conexión intensa con la naturaleza. Con la práctica constante, esta experiencia de observación debería volverse más profunda, intensa y estable en la vida cotidiana. Al observar los objetos del mundo a través de los sentidos sin pensarlos, nos entrenamos para percibir la naturaleza sin la interferencia del pensamiento dualista, facilitando una experiencia más directa y unificada de la realidad. Esta práctica no solo profundiza nuestra conexión con el entorno sino que también refuerza la comprensión de la no-dualidad, revelando cómo todo lo percibido es una expresión de la misma esencia subyacente de atención y conocimiento.

El observador interno indaga la realidad externa

El observador interno indaga la realidad externa desde un lugar de profunda introspección, conciencia-testigo y conocimiento-presente, este conocimiento no-dual trasciende la percepción de separación, revelando una totalidad indivisible entre observador y observado. Se experimenta directamente, más allá del intelecto, llevando a paz y comprensión profunda de la realidad como una totalidad, utilizando la curiosidad y el discernimiento, para trascender los límites de la mente racional.

Este proceso se fundamenta en la comprensión de que la percepción ordinaria, a menudo, está filtrada por nuestros condicionamientos, apegos y prejuicios, los cuales distorsionan nuestra experiencia de la realidad.

Por tanto, ese observador interno opera desde un espacio de conciencia pura o presencia, una plataforma de atención neutral que está más allá de la identificación con el ego o la mente pensante. Este espacio se encuentra en el núcleo de nuestro ser, un punto de quietud y silencio interior desde donde se puede observar la realidad sin la interferencia de juicios o interpretaciones personales. La indagación de la realidad externa puede incluir técnicas de meditación que enfocan la atención y ejercicios de autoindagación que cuestionan la naturaleza de la realidad y del yo.

El principal medio a través del cual el observador interno indaga la realidad es la conciencia-directa (vía directa) y la experiencia veloz e inmediata, libres de las capas de interpretación que normalmente imponemos sobre nuestras percepciones. Herramientas como el diálogo interno, pensamiento reflexivo y presente, introspección, la

reflexión filosófica, el estudio de textos espirituales y la indagación presencial.

Se busca trascender el sufrimiento causado por la ignorancia y los apegos, y despertar a una percepción de la vida más auténtica, plena y conectada. Resumiendo, el observador interno busca trascender la mente condicionada para experimentar y comprender la realidad en su estado más puro y sin filtros, motivado por una búsqueda de verdad, liberación y una conexión más profunda con el todo.

En la metafísica no-dualidad igual que en otras tradiciones meditativas, la esta práctica trasciende más allá de la meditación formal; se convierte en un ejercicio constante de atención sostenida en todas las facetas de la existencia. Esto implica mantener una conciencia continua y constante en cada actividad y experiencia, sean

Está imagen muestra a un hombre paseando a su perro por un paseo urbano, visiblemente distraído. Sobre su cabeza hay una nube de símbolos como engranajes, signos de interrogación y formas abstractas, simbolizando una cacofonía de pensamientos que lo desconectan del momento presente. La escena ilustra su distracción mental frente al ambiente urbano bullicioso, enfatizando el contraste entre su caos interno y el mundo exterior. La imagen destaca la importancia de mantener la plena atención en el presente durante las actividades cotidianas, como caminar. Sugiere enfocarse en las experiencias sensoriales, como los sonidos y las sensaciones, en lugar de distraerse con pensamientos o recuerdos. Esta práctica de atención consciente permite conectarse profundamente con el entorno y ofrece un respiro mental, liberando la mente del ruido constante y las preocupaciones internas.

estas cotidianas o excepcionales. La percepción externa juega un papel crucial en este enfoque. Se trata de observar el mundo y sus fenómenos no como entidades separadas de uno mismo, sino como manifestaciones de la misma realidad subyacente.

En este contexto, cada interacción, cada objeto, cada momento se convierte en una oportunidad para practicar esta forma de percepción externa. Por ejemplo, al caminar por la calle o el campo, en lugar de perderse en pensamientos, uno se enfoca plenamente en la experiencia del caminar, en la sensación de los pies tocando el suelo, en los sonidos del ambiente, en la brisa en la cara etc.

La no-dualidad, vista desde esta perspectiva, se convierte en una vivencia integrada en el día a día, donde cada percepción y cada acto son vistos como expresiones de una única conciencia-testigo experiencial. Esta unión de sujeto-objeto transforma no solo la forma en que uno experimenta el mundo externo, sino también cómo se relaciona con él, fomentando un sentido de globalidad y totalidad con todo lo que existe.

En términos prácticos, esto podría traducirse en la narrativa a través de descripciones que enfaticen la unidad de todos los fenómenos. Por ejemplo, podrías describir escenarios donde los personajes experimentan momentos de claridad o iluminación, dándose cuenta de que su sentido del 'yo' separado es solo una ilusión y no actúa en la percepción.

Este enfoque también podría incluir la exploración de cómo las experiencias cotidianas —como ver un árbol, escuchar música o interactuar con otras personas— pueden ser puertas hacia una comprensión más profunda de la no-dualidad, al reconocer que estas experiencias no están separadas de un perceptor presencial que las experimenta o las está mirando. Para lo cual es preciso la acción de una atención enfocada a través de cualquiera de los cinco sentidos en el mundo externo, esta forma de ver el mundo y los objetos requiere olvidarse del mundo interno.

Esta es una nueva forma de ver el mundo, una que trascienda el pensamiento dualista y abra paso a una percepción más integrada y

Esta imagen simboliza la práctica de la observación externa que implica contemplar el mundo sin involucrarse emocionalmente en lo que sucede. Al igual que la mujer en la imagen, puedes observar a las personas y los eventos sin dejarte arrastrar por sus historias. El desafío está en mantener la atención en el exterior, sin que se desvíe hacia el mundo interior. Este enfoque permite cultivar una presencia tranquila y desapegada, en la que lo observado no genera juicios ni reacciones. Al no identificarse con lo externo, se desarrolla una atención plena, clave en la meditación no-dual.

holística de la realidad. Busca clarificar y enfatizar la importancia de la atención externa en la percepción, y cómo ella contribuye a la quietud mental y al desarrollo de la práctica. Hay que tener en cuenta que en la observación externa el objeto prevalece y el sujeto-yo desaparece.

Lo esencial aquí es lograr la quietud mental, deteniendo el flujo constante de pensamientos. La atención se sostiene en el exterior, en cualquier punto elegido, utilizando activamente los sentidos, si es posible, sin acto volitivo. Es crucial que, con cada percepción esta acción se prolongue gradualmente, fortaleciendo así la práctica meditativa.

Imagina una experiencia pura, vivida sin el filtro del "yo-mental", donde la observación ocurre sin un observador definido. Cada actividad que realices con los ojos bien abiertos debería ser un acto libre de juicios, una invitación a dejar que tus sentidos se fundan con la experiencia hasta que tu propia identidad como perceptora se desvanezca.

Al contemplar una flor, muchos sienten el impulso de tocarla y olerla, seguido y rápidamente elaboran pensamientos y juicios, pero si sostienes ese primer instante de percepción el análisis y el juicio no surgen. Lo esencial es preservar ese primer momento de observación en su estado más puro, libre de interpretaciones y pensamientos adicionales.

El verdadero conocimiento y la atención emanan de la conciencia, anclada siempre firmemente en el presente del momento actual. Esta atención puede sostenerse de manera constante y firme, convirtiéndose en una presencia continua y estable, todo el tiempo que dura la observación externa, en los expertos meditadores, hagan lo que hagan, la atención perdura todo el día, apenas divagan, cuando lo hacen se dan cuenta rápidamente y vuelven a estar presentes.

Para integrar y entender este principio, es fundamental una práctica de observación regular y externa. Esto requiere un compromiso sostenido y una perseverancia digna de un guerrero. Es crucial no solo la practica en nuestro mundo interior sino también dedicar tiempo a la práctica diaria y externa. Darse cuenta cuando uno está divagando, reflexionando o surgen pensamientos intrusivos, solo con darse cuenta de la presencia de estos, se diluyen. Ver el mundo objetivo con la atención-conocimiento sin el yo.

Estar atento a las variaciones en tus emociones y observar cómo tu mente se desplaza entre diferentes temas o estados de ánimo proporciona oportunidades valiosas para la observación. Este proceso te permite realizar una indagación profunda, fomentando así un mayor conocimiento de ti mismo. A través de este autoanálisis, puedes descubrir patrones ocultos en tus pensamientos y sentimientos, y aprender a comprender mejor tus reacciones y motivaciones internas. Este tipo de observación es esencial para el desarrollo personal y el crecimiento emocional.

La imagen representa la meditación como un proceso en el que, aunque los ojos estén cerrados, la conciencia sigue enfocada en los pensamientos y estímulos externos. En el contexto de la no-dualidad, la meditación se considera externa si la atención permanece en las fluctuaciones mentales y sensoriales (incluso la respiración). La verdadera meditación interna ocurre cuando la conciencia se dirige hacia sí misma, eliminando la identificación con el cuerpo y los sentidos. En ese estado, el "yo" desaparece, y solo la conciencia pura en forma de atención y conocimiento permanece, alcanzando así una experiencia no-dual en la que la observación se desvincula realmente del mundo externo.

La conciencia es universal y no distingue entre lo interno y lo externo. Estar dentro o fuera no excluye la percepción de lo opuesto. Alcanzar este estado requiere práctica constante, ya que la verdadera meditación implica reconocer la unidad de todas las experiencias sin divisiones.

Trascendiendo la dualidad con la respiración

Vamos a abordar aquí un tema complejo y profundo, la diferencia entre las prácticas mal llamadas de meditación, son muy comunes y nada tienen que ver con la verdadera meditación no-dual. Mientras que prácticas como el yoga, el budismo y el mindfulness enfatizan la observación y la concentración sujeto-objetiva en la respiración, llevando a un viaje introspectivo de serenidad y armonía rítmica, la meditación no-dual trasciende estos métodos y va más allá de la concentración sujeto-objetiva.

Mi intención no es restarle mérito a las enseñanzas duales, ni minimizar su importancia, especialmente para aquellos que recién comienzan su camino espiritual. Tampoco pretendo desvalorizar estas prácticas en momentos de dificultad para relajar pensamientos y emociones. No estoy aquí para cuestionar o quitar valor a las disciplinas de concentración en la respiración; de hecho, yo mismo fui un devoto practicante antes de descubrir la no-dualidad. Ahora, habiendo aprendido de grandes maestros y experiencias, siento que tengo la responsabilidad de compartir mi perspectiva, con la esperanza de que pueda servir de guía para aquellos en busca de su propio camino, como a mí también me orientaron.

Para aquellos que se dedican a la práctica de concentración sujeto-objetiva en la respiración, es fundamental entender que,

Imagen mostrando a los practicantes de observación en la respiración, con una sutil representación del flujo del aire a través de sus narices. La atmósfera es tranquila y detallada, resaltando el enfoque en la respiración. Esta representación subraya la importancia de la práctica de la atención en la respiración durante la meditación cuando uno es novato, donde el simple acto de respirar se convierte en el ancla de la concentración psicológica sujeto-objetiva. Esta práctica al principio es fundamental para conocer y calmar la mente y permanecer presente, lo que prepara al practicante para un estado profundo de atención sostenida no-dual. Aunque nada tiene que ver con la no-dualidad, es muy útil para los inexpertos.

si su objetivo es alcanzar un estado de meditación y concentración no-dual, donde la dualidad de sujeto y objeto se disuelve, deben ajustar sus expectativas. En el ámbito de la meditación no-dual, no existen dos entidades separadas en la escena de la conciencia; allí, la distinción entre el observador y lo observado se desvanece.

Lo que prevalece es una forma pura de conciencia, en la cual la atención misma se convierte tanto en el sujeto como en el objeto de observación. Esta comprensión revela que la verdadera esencia de la meditación no-dual yace en experimentar la unidad de la conciencia, un campo donde la dualidad es trascendida y lo único que existe es la atención-conocimiento, integrados y sin divisiones.

La meditación no dual no se concentra en un objeto, como la respiración; en cambio, nos invita a disolver la barrera entre sujeto y objeto. Esta es una práctica donde el acto de 'hacer' meditación se disuelve en el ser

Esta visión ofrece una oportunidad para explorar profundamente las diferencias entre la meditación no dual y la concentración psicológica. Deseo presentar algunas ideas para todos aquellos practicantes que podrían captar el interés, destacando las diferencias entre estas dos formas consideradas erróneamente de meditación.

La meditación no-dual se enfoca en la experiencia de la unión y la ausencia de separación entre el observador y lo observado. No se concentra en un objeto específico como es la respiración, sino que busca la comprensión o vivencia de una conciencia sin divisiones, donde no hay distinción entre sujeto y objeto. En contraste, la concentración psicológica en la respiración (mindfulness) implica enfocar la mente en un objeto, pensamiento o actividad específica.

Se trata de trascender el pensamiento dualista y experimentar un estado de consciencia plena, donde todas las dualidades (como yo/otro, mente/cuerpo) se disuelven. Sin embargo, la concentración en la respiración busca mejorar la habilidad de concentración psicológica y menos el control mental, ya que la propia técnica es una actividad de la mente. Se ha demostrado que es útil para reducir el estrés, la ansiedad y aumentar la atención sujeto-objetiva. Puede ser un paso previo para prácticas meditativas más profundas.

La meditación no-dual generalmente no sigue una

Para aquellos que se dedican a la práctica de meditación enfocada en la respiración y buscan alcanzar un estado de no-dualidad, es esencial redefinir la percepción de su práctica. En la meditación no-dual, la distinción entre el observador y lo observado se disuelve, y la conciencia se convierte en el único campo de experiencia. Aquí, la respiración no es vista como un objeto de concentración, sino más bien como una parte integral de la experiencia de la conciencia indivisible. En vez de enfocarse activamente en la respiración, el practicante se sumerge en la experiencia, permitiendo que la conciencia pura y la atención estable sean tanto el sujeto como el objeto. Esto implica dejar de lado el "hacer" de la meditación para simplemente "ser" en el estado meditativo. Al desapegarse del esfuerzo y permitir que la respiración fluya sin la intervención del ego, uno puede trascender la dualidad y adentrarse en una vivencia plena de unidad y armonía. Esta práctica eleva la meditación de un acto de concentración psicológica (en la respiración) a una experiencia de la conciencia-presencial sin divisiones.

técnica estructurada. Es más una apertura o rendición a lo que es, sin esfuerzo o intento de controlar la experiencia. Incluye la observación de pensamientos y vacío de pensamientos con discernimiento y desapego, que se extinga el yo.

La observación o concentración psicológica se basa en técnicas específicas como la atención focalizada en la respiración, un mantra o un objeto visual. Requiere un esfuerzo intencional activo (el yo en acción) para mantener la concentración y evitar la distracción.

En un viaje donde el 'yo' y el 'objeto' se desvanecen, la meditación no dual nos invita a trascender las fronteras de la percepción. A diferencia de las prácticas meditativas que se enfocan en la respiración o un mantra, aquí nos sumergimos en un océano de conciencia pura. La meditación no dual es el arte de ser, no de hacer. En esta inmersión, el 'hacer' meditativo se transforma en un estado de ser.

En el contexto de las complejidades y los engaños inherentes a la práctica de la meditación, el concepto de no-dualidad arroja luz sobre una de las ilusiones más extendidas: la creencia de que centrarse exclusivamente en la respiración, en un mantra o en un objeto constituye en sí misma una forma auténtica de meditación.

En realidad, se argumenta que reducir la meditación a la simple observación de la respiración es limitante y omite la profundidad y la riqueza que ofrece la verdadera práctica meditativa, la cual implica una inmersión total en el momento presente y una fusión con la conciencia-testigo mediante la misma conciencia-testigo.

Aunque la concentración sujeto-objetiva fortalece nuestra capacidad de enfoque, la no dualidad nos lleva a un viaje más profundo, hacia la esencia misma de nuestra existencia, donde la dualidad es solo un espejismo. Imagina un estado de conciencia donde no hay un 'tú' que medita ni un 'objeto' de meditación. Esta es la esencia de la meditación no-dual.

Estas ideas están diseñadas para resaltar las diferencias fundamentales entre estas dos prácticas, atrayendo la curiosidad y el interés de los practicantes, que vean en que terreno se mueven y sepan lo que están practicando. Sugiere una nueva perspectiva y profundiza en el concepto de la no dualidad, ofreciendo al buscador una comprensión más rica de las prácticas meditativas en general.

La meditación no-dual va más allá de la mera reducción del estrés o el manejo de emociones; ofrece un camino hacia una transformación personal profunda. Al sumergirse en un estado de conciencia pura, los practicantes pueden experimentar cambios significativos en su percepción del yo y del mundo. Esto contrasta con la concentración dual, que, aunque efectiva para mejorar la atención y la claridad mental, puede no inducir un cambio tan radical en la auto-percepción y la comprensión del mundo.

La práctica de la no-dualidad, por lo tanto, no es simplemente un método de concentración o un ejercicio de atención plena. Es un despertar a la verdad última de que la separación es una ilusión, un velo que nos impide ver nuestra verdadera esencia. En la no-dualidad, no hay nada que alcanzar, ningún estado elevado que lograr. Solo hay un recordatorio constante de que ya somos lo que hemos estado buscando: una conciencia sin límites, paz, felicidad, compasión y amor eterno, sino se revela esto es que algo estamos haciendo mal.

Ambas prácticas tienen beneficios únicos y pueden ser complementarias, pero es importante reconocer sus diferencias fundamentales para una práctica efectiva y consciente.

Esta imagen representa la práctica de la meditación no-dual externa, consiste en una atención consciente y continua hacia el mundo exterior, centrándose en los detalles de la naturaleza y el entorno sin distracciones internas. Esto permite a los practicantes experimentar el momento presente plenamente, desde sonidos como el canto de un pájaro hasta el movimiento de las hojas. Al mantenerse enfocados en el exterior, se genera una conexión más profunda con el universo y se revela la unidad subyacente a la diversidad. Esta metodología fomenta la apreciación de lo ordinario, transformando la interacción con el mundo en una experiencia serena y consciente.

La práctica externa en la vida cotidiana

La no dualidad en la vida diaria se centra en reconocer nuestra esencia como conciencia-testigo, más allá de las apariencias cambiantes. Esta perspectiva nos lleva a desidentificarnos del cuerpo, la mente y las emociones, manteniéndonos como testigos desapegados. Al aplicar esta visión en nuestras actividades diarias, encontramos estabilidad y ecuanimidad, liberándonos del sufrimiento psicológico como la ansiedad. Además, al ver a los demás como manifestaciones del mismo Ser, fomentamos la compasión y la empatía, alineando nuestras acciones con nuestra verdadera naturaleza.

La práctica de la no dualidad en lo cotidiano implica usar cada situación como una oportunidad para la auto-indagación, cuestionando nuestras identificaciones y reconociendo nuestra naturaleza inmutable. Se enfatiza en actuar sin apego a resultados, viendo las experiencias de la vida con ecuanimidad y reconociendo el mundo como una ilusión.

La percepción externa en lo cotidiano nos invita a ver cada actividad como una práctica de atención sostenida y conocimiento, estando plenamente presentes y encontrando lo extraordinario en lo ordinario. Nos enseña a acoger las dificultades como partes de nuestra experiencia integral y a comunicarnos con presencia y autenticidad, reconociendo la unidad esencial en todos. Cada momento se convierte en una oportunidad para despertar y vivir plenamente en el presente.

Estas prácticas simples pero poderosas, transformaran tu vida y experimentaras una conexión más profunda contigo mismo y con el universo que te rodea.

En la práctica espiritual de la observación externa no-dual (Pratiahara), se alienta a aquellos que buscan la verdad a explorar profundamente más allá de sí mismos. Se les anima a desarrollar y afinar su percepción del mundo, cuestionando la naturaleza misma de su existencia como mente-ego o sujeto-objeto. Se les invita a descubrir la verdadera realidad más íntima de su ser, la conciencia-testigo en acción. A través de una observación cuidadosa y desapegada de los pensamientos y sensaciones que puedan surgir mientras observan el mundo y los objetos.

Con esta práctica de observación externa no dual se despeja el camino hacia una comprensión plena de la conciencia en acción, siempre y cuando se mantenga una experiencia práctica continua y estable hasta que se revele la no dualidad. Se aconseja a los seguidores a través de prácticas de observación y momentos de reflexión en presente, ofreciendo así un sendero claro hacia la serenidad interior y la percepción de la realidad no dual. Esta enseñanza motiva a trascender la identificación con el nombre y la forma, y a acoger la verdadera libertad del Ser.

Indagar la práctica de la no dualidad en la vida cotidiana es abrir las puertas hacia un despertar constante y profundo. Los practicantes aprenden a integrar la sabiduría de la no dualidad en cada aspecto de sus vidas. A través de ejercicios de percepción utilizando los cinco sentidos, y además, se cultiva la aceptación, la compasión y la presencia plena, transformando la percepción y encontrando paz en la actividad cotidiana.

Al sumergirse en la práctica de la no dualidad en la vida diaria, los participantes exploran un camino hacia un despertar constante y profundo. A través de observar el mundo sin pensar, aprenden a integrar la sabiduría de la no dualidad en cada aspecto de sus vidas

La imagen representa la meditación no-dual externa que busca tambien
establecer una conexión consciente y profunda con el mundo exterior a
través de una atención plena y continua. Los practicantes, ya sea solos o
en pareja, observan la realidad física sin juicios ni distracciones internas,
logrando así una percepción clara y auténtica del entorno. Esta técnica
puede aplicarse en cualquier contexto: al aire libre, enfocándose en
elementos naturales como árboles, montañas, nubes o personas en
movimiento. La atención sostenida ancla la mente en el presente,
disolviendo la separación entre el sujeto y el objeto, lo que permite
experimentar una unidad con el entorno y trascender la dualidad.

durante la actividad cotidiana. Este enfoque transforma la percepción,
permitiendo que cada momento se convierta en una oportunidad
para integrar la conciencia presente en cualquier actividad, hasta que
se revele como un continuo fluir de la experiencia estable.

Aplicación de la observación externa en la vida cotidiana

- Comienza a enfocar tu atención en los objetos físicos que te rodean. Si estás al aire libre, esto puede incluir árboles, edificios, el cielo, o personas a lo lejos. Si estás en interiores, observa los muebles, las paredes, y los objetos en la habitación...
- Observa cada objeto sin etiquetarlos o juzgarlos. Por ejemplo, si ves un árbol, evita pensar en él como "un árbol viejo" o "un árbol hermoso". Simplemente obsérvalo como es sosteniendo la atención todo lo que puedas, notando sus colores, formas y texturas.

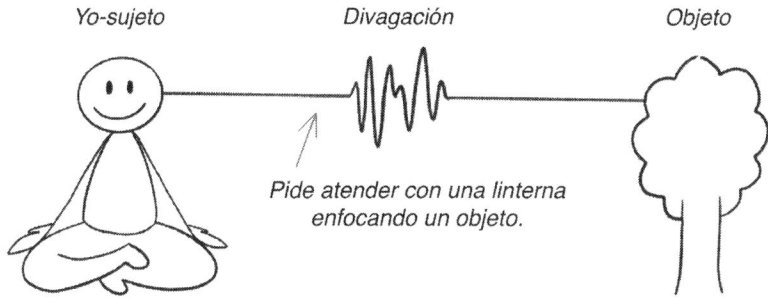

Yo-sujeto   Divagación   Objeto

*Pide atender con una linterna
enfocando un objeto.*

*La atención es como una linterna, donde se enfoca reconocer lo
que alumbras, a condición que estés presente, pues sólo el
presente continuo conlleva la atención + el conocimiento.*

La ilusión de la serpiente

El texto presenta la fábula de la soga y la serpiente como una metáfora para explorar el concepto de Maya en las tradiciones de no-dualidad, especialmente en la filosofía Advaita. La historia ilustra cómo nuestras percepciones pueden engañarnos, haciéndonos reaccionar emocionalmente a ilusiones creadas por la mente y los sentidos. La figura central de la fábula es una persona que, caminando de noche, confunde una soga inofensiva con una serpiente peligrosa. Este error de percepción desencadena una respuesta física inmediata: el corazón se acelera y los músculos se tensan, preparándose para huir del supuesto peligro. El relato de la soga y la serpiente ilustra cómo la mente engañada puede distorsionar la realidad, haciendo que una cuerda parezca una serpiente peligrosa. Este ejemplo se relaciona con la enseñanza de la no-dualidad, que explica cómo nuestras experiencias cotidianas están filtradas por interpretaciones emocionales y subjetivas, lo que nos aleja de la verdadera naturaleza de la realidad. La práctica de la no-dualidad nos permite ver el mundo tal como es, sin las distorsiones de la mente.

• La relación espacial entre objetos se refiere a cómo se posicionan y distancian en términos de ubicación, distancia y tamaño. Observar estos aspectos implica una percepción objetiva, sin análisis o juicios, enfocándose en cómo los objetos ocupan el espacio. Se trata de entender su disposición física de manera directa, apreciando su posición y tamaño relativo sin interpretaciones ni juicios adicionales.

- Ahora, dirige tu atención a la luz y las sombras en tu entorno. Observa cómo la luz interactúa con los objetos y cómo las sombras se forman y cambian. Esto puede ser particularmente interesante al aire libre, con el movimiento del sol creando un juego dinámico de luz y sombra.

- Si es posible, incorpora el movimiento en tu observación. Esto podría ser el movimiento de las hojas en los árboles, personas caminando, o incluso el flujo sutil de aire que causa movimientos ligeros en los objetos. Observa cómo cada movimiento afecta tu percepción del espacio y los objetos.

- Para profundizar tu práctica, intenta percibir los objetos como meras formas y colores, despojándolos de su significado y función habitual. Esto te ayuda a ver el mundo desde una perspectiva más pura, menos influenciada por las construcciones mentales.

- Profundiza en la percepción de la naturaleza y todo lo que te rodea al observar el mundo y sus objetos. Busca la unidad con tu entorno, manteniendo tu atención y conocimiento constantemente enfocados, evitando cualquier divagación mental.

- Explora la esencia de la naturaleza y de tu entorno a través de una observación atenta del mundo y sus elementos. Aspira a integrarte completamente con lo que te rodea, asegurándote de que

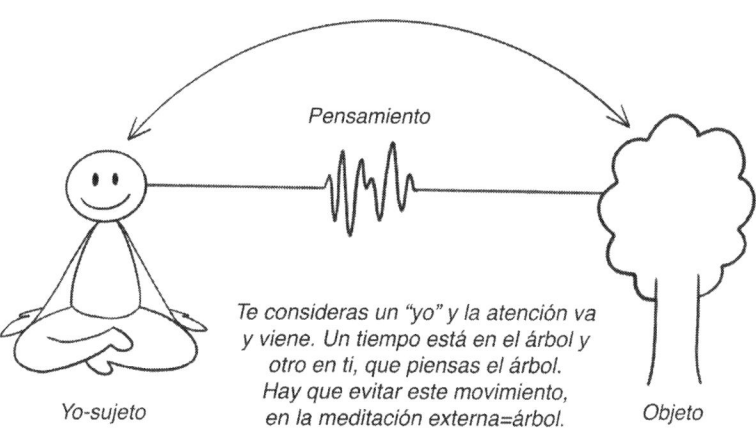

Pensamiento

Yo-sujeto

Te consideras un "yo" y la atención va y viene. Un tiempo está en el árbol y otro en ti, que piensas el árbol. Hay que evitar este movimiento, en la meditación externa=árbol.

Objeto

tu atención y conocimiento permanezcan plenamente activos, libres de distracciones mentales.

• Sumérgete en la comprensión profunda de la naturaleza y su ambiente, observando detenidamente el mundo y sus componentes. Aspira a una conexión o unión total con tu entorno, sin esfuerzo, manteniendo una atención y conocimiento constantes, alejados de distracciones mentales.

• Elige una película para ver con el único propósito de indagar y desarrollar la observación consciente. En lugar de enfocarte en la trama o los personajes, dirige tu atención a los aspectos visuales y auditivos. Observa los colores, la iluminación, los ángulos de cámara, y cómo estos elementos afectan la atmósfera de la película. Escucha atentamente la banda sonora y los efectos de sonido, notando cómo complementan las imágenes.

• Al ver una película, intenta conectar emocionalmente con lo que se muestra en pantalla sin juzgar o analizar las emociones. Observa cómo ciertas escenas resuenan contigo, qué emociones surgen y cómo tu cuerpo reacciona a estas emociones.

• Al leer un libro, hazlo de manera consciente. Observa el texto en sí: la forma de las letras, el diseño de la página, el color del papel. Mientras lees, nota cómo las palabras crean imágenes en tu mente, cómo fluyen las frases y cómo el ritmo del texto afecta tu experiencia de lectura.

• Al leer, presta atención a los símbolos y las imágenes utilizadas por el autor. Observa cómo estas imágenes evocan ciertas ideas o emociones, y cómo el autor usa el lenguaje para crear un mundo dentro de tu mente.

• Mientras lees, nota cómo ciertas descripciones en el libro estimulan tus sentidos. ¿Puedes casi oler, tocar, o escuchar lo que se describe en el texto?

• Ya sea que estés observando un paisaje urbano o natural, dedica tiempo a notar los detalles. En un paisaje natural, observa las formas y colores de las plantas, el terreno, las formaciones rocosas, y el cielo.

• En un entorno urbano, presta atención a la arquitectura, los patrones de tráfico, y las interacciones entre las personas y el espacio. Trata de ver estos paisajes como si fuera la primera vez, notando detalles que normalmente pasarían desapercibidos.

• Observa un paisaje y reflexiona en presente sobre cómo este se relaciona con tus experiencias personales o emociones actuales. Por ejemplo, un paisaje urbano caótico podría reflejar sentimientos internos de agitación, mientras que un tranquilo campo puede evocar una sensación de paz.

• Observa cómo los elementos de un paisaje interactúan entre sí: cómo el viento mueve las ramas de los árboles, cómo la luz del sol cambia la apariencia de un edificio, o cómo las personas alteran el ambiente de un lugar. Las montañas nevadas, el esplendor de la nieve, percíbela en presente sin divagar, un lago como refleja en sus aguas tranquilas el cielo y las nubes.

PURE EXTERNAL OBSERVATION

• Termina cada sesión de observación integrando la experiencia. Toma unos momentos para reflexionar sobre cómo esta observación consciente ha afectado tu percepción del mundo y tu estado interno.

• Lo esencial es mantener la consistencia entre la observación interna y la externa, evitando alternar entre ambas. Es decir, cuando estés enfocado en el exterior, no te distraigas observando tus pensamientos

Esta imagen describe la práctica de la observación no-dual utilizando la metáfora de un lago tranquilo que refleja el cielo y las montañas. En este escenario, el observador se funde con el paisaje, desvaneciendo la separación entre el observador y lo observado, lo que simboliza la esencia de la no-dualidad. El reflejo perfecto del entorno en el lago ilustra la unidad entre el individuo y el mundo exterior, destacando la interconexión de toda existencia. La práctica de observar sin juicios permite al observador experimentar una expansión de la identidad, disolviendo las barreras del ego y alineándose con la percepción pura y la unidad subyacente a toda la realidad.

internos, y viceversa; cuando estés centrado en tu interior, evita desviar tu atención hacia los objetos del mundo exterior. Sé consciente de estos cambios y, gradualmente, trabaja para evitarlos.

• Recuerda el estado de atención plena durante el día: A lo largo del día, toma momentos para volver al estado de conciencia plena y regresa al presente cuando te descubras pensando.

• Percibe atentamente tus emociones a lo largo del día: Haz un seguimiento de tus estados de ánimo, observando cómo cambias de uno a otro sin siquiera notarlo, y haz que estos cambios sean conscientes.

• Examina tus reacciones emocionales, presta atención a cómo respondes emocionalmente a diferentes situaciones en tu vida.

Imagen mostrando una escena tranquila con una mujer caminando por la arena junto al mar focalizando la atención en el entorno. Percibir el mundo sin la intervención de conceptos mentales te lleva a una comprensión directa, sin la distracción del pensamiento. Pensar es una construcción mental, pero la auténtica observación no-dual implica una atención pura, sin juicios, donde no existe el "yo". Al observar el mundo tal como es, sin historias ni pensamientos, el observador desaparece, y el perceptor se fusiona con lo percibido. Este estado se practica en diferentes entornos, como el mar, manteniendo una atención relajada y focalizada. Con el tiempo, este conocimiento se vuelve más estable, trascendiendo el concepto de dualidad entre el "yo" y el entorno.

- Dedica tiempo para estar solo y practicar en diferentes entornos, ya sea en el campo, la playa o la ciudad. Mantén una quietud mental y presta atención a cualquier distracción o divagación.

- Mantén una atención relajada pero focalizada tanto en tu actividad como en tu entorno, dejando de lado el concepto de un "yo" separado que realiza la actividad. Con la práctica, este estado puede volverse más accesible en la vida diaria.

- Estas técnicas son útiles para prácticas de observación, concentración y meditación, la diferencia radica en que cada practica la atención y el conocimiento es cada vez más estable.

Resumen: El Observador Interno Indaga la Realidad Externa

El observador interno, a través de una profunda introspección y la conciencia-testigo, investiga la realidad externa sin identificarse con los pensamientos, emociones o el ego. Esta práctica de observación parte de un estado de conciencia pura, donde se busca trascender las limitaciones del intelecto y los condicionamientos que suelen distorsionar la percepción de la realidad. En lugar de ver el mundo desde una perspectiva dualista —dividiendo al observador de lo observado—, se promueve una experiencia directa en la que ambos se perciben como no dos o unidad.

La atención externa se enfoca en el entorno sin juicio ni narrativas internas, utilizando los cinco sentidos para observar el mundo en su estado más puro. Por ejemplo, actividades cotidianas como caminar o interactuar con el entorno se transforman en oportunidades para profundizar en la atención consciente, evitando la distracción de los pensamientos internos. Al dirigir la atención hacia la realidad externa, se logra la quietud mental y se trasciende el constante flujo de pensamientos. De esta manera, el practicante se sumerge únicamente en la experiencia del mundo externo.

La práctica requiere un enfoque constante, manteniendo la atención en el exterior, ya sea observando el paisaje, las personas o los objetos del entorno, sin interpretar ni evaluar lo que se ve. Este tipo de observación puede ocurrir en cualquier momento y lugar, ya sea en el campo, la ciudad o en el hogar, enfocando siempre los sentidos hacia el exterior y evitando que la mente se distraiga con pensamientos o emociones.

En la práctica no dual externa, el conocimiento y la atención se convierten en herramientas clave para experimentar la realidad sin interferencias mentales. La observación pura permite al practicante ver el mundo sin etiquetas ni conceptualizaciones, lo que facilita una experiencia de quietud mental y una conexión más profunda con el entorno. A medida que se desarrolla la habilidad de mantener la atención enfocada externamente, se fortalece el desapego de las fluctuaciones internas.

PARTE III

CONOCIENDO AL CONOCEDOR Y AL PERCEPTOR

Imagen que describe una visión muy de un ojo humano superpuesto con
un paisaje natural, simbolizando la práctica de la concentración no-dual
externa, donde la distinción entre sujeto-objeto desaparecen. La imagen
refleja la idea central de la no-dualidad: que la verdadera comprensión
y guía provienen de la conciencia interna, controlando nuestra percepción
del exterior. También representa la concentración externa pura, en la que
la atención permanece inmersa en el presente, sin distracciones.
Esta práctica no-dual tiene como objetivo revelar la unidad fundamental
entre el ser y el mundo externo. Sin embargo, cuando la atención
se desvía hacia pensamientos intrusivos o anticipaciones del futuro,
la conexión con la conciencia testigo se pierde, y las imágenes
mentales comienzan a nublar la realidad interna, alejando al meditador
de la experiencia no-dual.

Segunda etapa
El arte de la verdadera concentración interna

Desde la perspectiva no-dual, la frase "es el interior el que controla al exterior" sugiere que la verdadera fuente de control y dirección en nuestra vida proviene de nuestro ser interno o conciencia más profunda, más que de nuestra personalidad o yo externo. Por lo tanto, permitir que nuestras acciones y decisiones exteriores estén alineadas y sean influenciadas por nuestra comprensión interna más profunda es considerado sabio y prudente. Este enfoque nos lleva a vivir de manera más auténtica y armoniosa, alineados con la verdad fundamental de nuestra verdadera naturaleza no-dual.

Aunque el desarrollo espiritual se origina internamente, las prácticas externas son valoradas como herramientas útiles para facilitar este desarrollo. Estas prácticas ayudan a calmar la mente, a disminuir el ego y a crear un entorno propicio para el despertar espiritual. Funcionan como un espejo que refleja y clarifica los patrones internos. A través de la práctica externa, uno puede llegar a comprender y experimentar más profundamente la conexión con la conciencia universal

Desde una perspectiva no-dual, la distinción entre interior y exterior se desvanece, revelando que ambos son manifestaciones de una misma realidad. Al observar con atención, uno puede reconocer que lo que percibimos como 'exterior' y 'interior' son simplemente distintas expresiones del mismo campo de conciencia, interconectado e inseparable. La no dualidad invita a trascender estas divisiones artificiales y a experimentar la vida como un continuo holístico, donde el observador y lo observado son uno.

La inspiración emana del interior, mientras que el exterior está influenciado por los recuerdos. La fuente de la inspiración es insondable, a diferencia de los recuerdos, que siempre tienen un origen. Por lo tanto, el mundo exterior posee características definidas, en contraste con el mundo interior, que escapa a la definición verbal.

La conciencia actúa como observador y objeto observado, operando sin la necesidad de un "yo" separado que la dirija. Este estado permite que la "conciencia testigo" se revele a sí misma, sin juzgar o interferir en los pensamientos. A medida que se desarrolla el proceso de autoindagación, la mente egocéntrica se retira, dejando activa solo a la conciencia testigo mientras todo lo demás se desvanece.

La concentración interna, desde la perspectiva de la no-dualidad Advaita, es un estado profundo de meditación y autoindagación en el cual la atención y el conocimiento se vuelven completamente hacia adentro, desvinculándose de las percepciones sensoriales, los pensamientos, y el mundo objetivo externo. En este estado, la conciencia deja de

La imagen que representa a un sabio meditando junto a un río, en un estado de concentración interna según la filosofía no-dual Advaita. La escena busca manifestar la tranquilidad, la trascendencia de las percepciones y la unión de conciencia pura en un entorno simple pero profundo. La concentración interna, es un estado profundo de meditación y autoindagación en el que la atención se dirige hacia adentro, desconectándose de los sentidos y el mundo externo. La conciencia, libre de identificarse con el cuerpo o la mente, se reconoce en su forma más pura. Este proceso busca experimentar la unidad fundamental, donde el sujeto y el objeto se disuelven en una experiencia de autoconciencia pura y trascendente.

identificarse con el cuerpo, los sentidos, y cualquier fenómeno mental o físico, y en su lugar, se reconoce a sí misma en su forma más pura.

Esta práctica es fundamentalmente una exploración de la conciencia o Ser, que es considerado como la realidad última e inmutable, idéntica al absoluto universal. En la concentración interna no-dual, se busca experimentar directamente esta unidad fundamental, donde no existe distinción entre el sujeto que conoce y el objeto conocido. La atención y el conocimiento se fusionan en una sola experiencia de autoconciencia pura.

Al alejarse de la identificación con el cuerpo y la mente, y al enfocarse en el reconocimiento del propio conocedor, se busca trascender la ilusión de dualidad que caracteriza la experiencia ordinaria. Este estado se caracteriza por una atención desobjetivada y despersonalizada, donde la conciencia se vuelve sobre sí misma, logrando un entendimiento profundo y directo de su propia naturaleza.

La concentración interna no-dual es, por tanto, una práctica meditativa que lleva a un entendimiento directo y no mediado de la realidad última, más allá de las limitaciones del pensamiento conceptual y de la percepción sensorial ordinaria. Es un camino hacia el autoconocimiento y la liberación espiritual, central en las enseñanzas de la no-dualidad.

En la concentración interna, se busca trascender la dualidad sujeto-objetiva. Aquí, el objetivo es reconocer que el conocedor (sujeto) y lo conocido (objeto) son uno y lo mismo, para lo cual, solo la atención-conocimiento está en acción. Se busca la experiencia directa, donde la conciencia se reconoce a sí misma. Al igual que en una película o en una partícula diminuta, al tomar consciencia de la propia conciencia, esta se manifiesta ante sí misma. Es inexplicable, pues carece de cualidades definibles. Se trata de ser, y el acto de ser es todo lo que existe.

Mientras la concentración externa se centra en el mundo material y prescinde de la distinción sujeto-objeto, la concentración interna busca la introspección profunda y la unión del conocedor con lo conocido, donde el conocimiento y la atención prevalecen.

Imagen que representa una escena antigua en los bosques del Himalaya, con un monje en profunda meditación, rodeado por un paisaje natural que transmite silencio, atención y concentración no-dual. El entorno refleja la serenidad y la unidad con la naturaleza, destacando la conexión espiritual en un ambiente de tranquilidad atemporal. La imagen simboliza la idea no-dual de que el verdadero control proviene de la conciencia interna, no del yo externo. La armonía surge al alinear nuestras acciones con esta comprensión profunda. Las prácticas externas facilitan el despertar espiritual y reflejan la unidad entre interior y exterior.

La concentración interna con la desconexión de los sentidos y la despersonalización total, es un proceso esencial en el camino espiritual de la no-dualidad, donde se busca experimentar la verdadera naturaleza del Ser, más allá de las distracciones y limitaciones de la experiencia sensorial ordinaria.

En el camino hacia la autorrealización en la no-dualidad, la transformación fundamental ocurre cuando la conciencia observadora se centra en sí misma de manera autónoma. Esta transición esencial implica que la conciencia reconoce su propia naturaleza como la fuente y el observador de todas las experiencias. En lugar de identificarse con el contenido mental, la conciencia se identifica consigo misma, manteniendo una atención y conocimiento constantes. Este paso crucial lleva a la comprensión de que no hay separación entre el "yo" y el universo, todo es una expresión de la misma conciencia universal.

Tras una práctica continua y sostenida, llega un punto en el viaje del estudiante de la no-dualidad en el cual se descubre a sí mismo como un testigo universal y único, no solo de su propia conciencia sino también de todo el universo, utilizando herramientas inherentes a esta conciencia, como la atención y el conocimiento. Sin embargo, la persona en sí misma, con sus herramientas limitadas y personales, no puede transformarse en un observador directo de su propia conciencia.

Por lo tanto, la persona, entendida como una combinación de mente y cuerpo, permanecerá siempre en la oscuridad de la ignorancia, incapaz de revelarse como una conciencia-testigo que posee un conocimiento verdadero.

Ampliando este concepto en el marco de la no-dualidad, este punto de transformación es fundamental. La práctica no-dualista no se trata solo de adquirir conocimiento o habilidades; es un proceso de trascender la identificación con la mente y el cuerpo, reconociendo que estos son solo aspectos superficiales de nuestra existencia. Se entiende que la verdadera naturaleza de uno mismo es la conciencia pura, que trasciende estas limitaciones individuales.

La realización de que uno es, en esencia, esta conciencia universal implica una profunda transformación. Ya no se vive desde la perspectiva limitada del yo individual, sino desde una comprensión más amplia de que todo en el universo es una manifestación de la misma conciencia. En este estado, la persona ya no está atrapada en la "oscuridad de la ignorancia", sino que se ilumina con la luz del verdadero conocimiento, el conocimiento de que su verdadera esencia es no-dual y que, en última instancia, es uno con todo lo que existe.

La transición de ser un observador personal a un testigo universal es el núcleo de la práctica no-dualista y el camino hacia la verdadera liberación y autorrealización.

TRUE INTERNAL CONCECRATIONS
WHEN THE KNOWER RECOGNIZES ITSELFS

Esta imagen simboliza la meditación no-dual a través de la imagen de
un individuo sereno con los ojos cerrados, inmerso en su viaje interno.
En este estado, se disuelve la separación entre sujeto-objeto, permitiendo
un proceso puro de auto-reconocimiento. La meditación dirige toda la
atención hacia el interior, desconectándose de las percepciones sensoriales
y pensamientos externos, facilitando que la conciencia se manifieste sin
la interferencia del ego. Esta práctica no es solo una técnica, sino una
transformación profunda de la percepción, donde se retira la atención
del mundo externo y se descubre la verdadera naturaleza
de la atención-conocimiento.

La unión del conocedor y lo conocido

Al conceptualizar el 'momento presente', lo reducimos a un simple pensamiento, atrapándolo en una mente cambiante y un pasado efímero. Sin embargo, la meditación nos permite experimentar el presente directamente, libre de las ataduras temporales y mentales. Este enfoque marca un cambio fundamental: de entender teóricamente la atención a experimentarla en su esencia, sin las cadenas del pasado. En este punto de pura claridad, la barrera entre observador y observado se disuelve, resultando en una vivencia de completa unidad.

Para preservar la integridad de la conciencia observadora, es esencial evitar su contaminación por emociones, pensamientos o cualquier otro componente mental que pueda oscurecerla temporalmente. Tales distracciones, que desvían la auténtica atención, resultan ineficientes en un tiempo valioso. La coexistencia de lo eterno y lo efímero es una contradicción en sí misma; ambos no pueden existir simultáneamente.

La práctica de la concentración no-dual se configura como un acto de autoconocimiento en el cual el sujeto observador alcanza un estado de autoconciencia, disipando así la neblina de nuestras percepciones equivocadas. Esta no es una manifestación de la mente, sino una auto-revelación o auto-realización, donde la conciencia llega a conocerse y entenderse a sí misma en su estado más puro y fundamental

La unión del conocedor y lo conocido en la práctica de la concentración no-dual es un acto de autoconocimiento profundo. El observador se disuelve en un estado de pura conciencia, libre de percepciones equivocadas. No es una creación mental, sino una auto-realización donde la conciencia se reconoce y se comprende en su esencia más pura, permaneciendo en el eterno presente. En la antigua India, sabios conocidos como rishis y ascetas renunciantes, buscaban la soledad y el silencio en los bosques, cuevas y riberas de los ríos. Meditaban profundamente, alejados del ruido del mundo, dedicados a la auto-indagación y la búsqueda del conocimiento absoluto. Estos sabios entendían que la verdad última reside en el interior y que, al apartarse del mundo externo, podían experimentar directamente la unidad con el absoluto universal.

de la misma conciencia. Con una claridad inherente, la conciencia se auto-reconoce a sí misma y permanece constantemente en el eterno presente.

Al permanecer firmemente arraigados en el presente, nos ubicamos de manera natural en un estado de concentración que trasciende la mente y las emociones. Este estado nos permite establecer una clara diferencia entre la conciencia estable y perpetua y los fenómenos transitorios que conforman el mundo. Así, el 'observador' deja de confundirse y de identificarse erróneamente con el 'espectáculo' que presencia.

En el ejercicio de la concentración, nuestro rol se reduce a ser meros testigos, evitando la imposición de etiquetas o categorías mentales. Este acto de percepción pura nos abre la puerta para vivir la realidad no-dual tal cual es, apoyado solamente en el poder de nuestra atención.

Cuando un pensamiento emerge y es descubierto o detectado por la atención que está haciendo acto de presencia en ese instante, en realidad, contrario a la práctica de observación no existe una separación entre ellos; el pensamiento se desvanece naturalmente. La atención y el pensamiento son, de hecho, facetas indisolubles de una misma realidad, similares a una imagen reflejada en un espejo o las olas en el mar. Durante la práctica de la concentración y la meditación, el pensamiento se emplea como objeto de atención solo cuando es imprescindible, evitando cualquier forma de identificación con él.

La práctica de focalizar el pensamiento únicamente cuando es esencial nos guía hacia la no-dualidad, centrando la atención en sí misma. Momentos cruciales demandan esta atención, particularmente al surgir pensamientos creativos que proponen soluciones o iluminan ideas esperadas.

La meditación y concentración generalmente nos alejan de distracciones, pero ciertas circunstancias requieren dirigir conscientemente nuestra atención hacia estos pensamientos creativos. Este método enriquece el autoconocimiento y es vital para cumplir metas meditativas específicas, siendo invaluable en actividades como escribir un libro o solucionar problemas, al integrar pensamientos productivos de manera consciente.

Dirigir nuestra atención únicamente cuando es estrictamente necesario abre un espacio para apreciar la no-dualidad, pero también reconoce momentos cruciales donde un pensamiento creativo puede ser la clave para resolver problemas o impulsar ideas innovadoras. En la meditación y la concentración, aunque generalmente buscamos alejarnos de distracciones, ciertos pensamientos demandan nuestra atención consciente para facilitar el autoconocimiento y alcanzar metas específicas, integrándolos de forma productiva en nuestra práctica.

Hemos emprendido el camino de la "senda directa", la ruta más directa hacia el descubrimiento de nuestra esencia no-dual: esa conciencia que observa sin dividir, que conoce sin elegir, inmersa en la pura atención. Con cada práctica y repetición, este enfoque se irá arraigando más en nuestra mente. Las distracciones son irrelevantes; no tienen el poder de eclipsar la conciencia-testigo siempre alerta que permanece detrás de todo.

Durante este proceso, la atención se dirige hacia adentro, revelando aspectos subyacentes de la mente. Este acto promueve una purificación psicológica, eliminando barreras y permitiendo que nuestra verdadera esencia emerja. En el momento en que el conocedor, lo conocido y el acto de conocer se integran en una sola entidad, la atención y el conocimiento se fusiona con el todo. Sin embargo, cuando el observador y lo observado siguen siendo entidades separadas, prevalece una dualidad, manteniendo al conocedor distante de lo conocido.

Cuando te sientas a practicar y cerrar los ojos, haces de la atención y la conciencia el núcleo de tu experiencia. Comienza centrando tu atención en la misma atención; aunque al principio suponga un esfuerzo, gradualmente se transformará en un hábito natural. Después, libérate de la intención y el esfuerzo, dejando que la atención fluya libre y desprendida. El fin último es conocer al conocedor y familiarizarte con su presencia.

Esta imagen representa la fábula de los dos pájaros en un árbol del Mundaka Upanishad III,1-2, simbolizando la no-dualidad.
Un pájaro observa tranquilamente desde la copa del árbol, representando el Ser, mientras que el otro come las frutas dulces y amargas del árbol de la vida más abajo, simbolizando el yo. Este entorno sereno y majestuoso realza el tema del despertar espiritual y la no-dualidad. El pájaro de arriba no come, solo es testigo de todo (la conciencia). El pájaro que come frutos representa al ser humano inmerso en su mundo material y dualista con apego y dependencia, atrapado en un ciclo de placer y sufrimiento frutos dulces y amargos) buscando placer en los objetos externos.
El pájaro de arriba no se ve afectado por estas experiencias mundanas, representa la conciencia pura.

A medida que avances, experimentarás una transformación interna hacia un estado de ser más estable. En tu interior se desarrollará una sensación de silencio, firme y constante, que se manifiesta como existencia. Estas experiencias no pasarán inadvertidas, ya que serán percibidas por la conciencia-testigo responsable de su creación. Son manifestaciones de tu verdadera naturaleza y señales de que estás en el camino correcto.

Sostén tu atención serena

y equilibrada mientras esperas. Lo que buscas ya reside dentro de ti; simplemente permite que aflore naturalmente. Esfuérzate de manera consciente para ir más allá de cualquier deseo o intención, y desvincúlate de tu yo condicionado. El estado de no-dualidad se manifestará gradualmente como resultado de esta falta de esfuerzo e intención.

La esencia que surge de la práctica se revela como un amanecer luminoso, libre de pensamientos intrusivos. En este estado, reina una paz absoluta, una sensación de plenitud, siempre que mantengamos la atención enfocada en sí misma.

El camino no-dualista no se limita a momentos de contemplación o meditación, sino que impregna todos los aspectos de la vida cotidiana. Se trata de vivir con una constante conciencia de que la separación entre nosotros y el mundo es una ilusión, y que todo es una expresión de la misma conciencia. En el proceso de autorrealización, las etiquetas que definimos como nuestra identidad personal -nuestro nombre, profesión, roles en la vida- se ven como temporales y no definitorias de nuestra verdadera naturaleza.

La concentración no-dual requiere una práctica constante y una presencia consciente que va más allá de la simple observación pasiva, involucrándose plenamente en la vida con una comprensión más profunda de nuestra conexión fundamental con todo lo que existe.

La imagen retrata un momento de profunda contemplación, donde una persona medita en un entorno natural sereno, simbolizando la concentración interna no-dual. Este acto meditativo trasciende la simple relajación o el disfrute paisajístico; se convierte en un medio para explorar la esencia de la conciencia. Al cerrar los ojos y sumergirse en la quietud, el meditador busca desconectarse de las distracciones externas y las percepciones sensoriales, enfocando completamente su atención hacia el interior. Prevalece una presencia continua y una conciencia testigo que observa sin juzgar. Esta práctica esencialmente facilita un encuentro con el "conocedor primario", permitiendo que el meditador explore la fuente de su propia percepción y reconozca su conciencia en su estado más puro.

La práctica no-dual de la concentración interna

En este capítulo, nos adentraremos en el arte y la ciencia de la concentración interna no-dual, desplegando su riqueza y profundidad. La concentración interna no-dual no es una mera práctica meditativa; es un viaje hacia el corazón de la conciencia, donde el conocedor y lo conocido se fusionan en una experiencia unificada.

Aquí, conceptos como "conciencia testigo", "conocedor primario", y presencia continua" no son solo términos teóricos, sino realidades vividas que se experimentan directamente. Esta práctica nos lleva más allá de las capas superficiales de la percepción y el pensamiento, hacia un espacio donde la dualidad se disuelve y solo queda la esencia pura de la conciencia.

Exploraremos cómo la concentración interna no-dual puede ser practicada y profundizada. Examinaremos las técnicas y enfoques que nos permiten dirigir nuestra atención hacia el interior, más allá del ruido y las distracciones de la mente.

La "conciencia testigo" es la observación pura, el aspecto de nosotros mismos que observa todas las experiencias sin involucrarse emocional o mentalmente. Es una presencia constante, una testigo silenciosa de nuestros pensamientos, emociones y sensaciones.

El "conocedor primario" se refiere a nuestra capacidad innata de conocimiento, la parte de nosotros que sabe y comprende. Este conocimiento no es el que se adquiere a través del estudio o la experiencia; es un saber directo e inmediato, la comprensión intuitiva de nuestra verdadera naturaleza.

La concentración interna no-dual se manifiesta cuando la atención se enfoca en sí misma y el conocimiento se vuelve autoconsciente, brindando claridad a la conciencia. En este proceso, elementos como el cuerpo, la mente, el yo, los sentidos y el mundo objetivo se desvanecen, dejando solo la atención y el conocimiento activos.

Esta es la esencia de la concentración interna, cuando la atención es pura y plenamente presente, nos encontramos en un estado de despersonalización, donde las experiencias ya no son vistas como entidades externas, sino como manifestaciones directas de nuestra propia conciencia y que suceden en el seno de la conciencia.

La clave de la concentración interna no-dual es enfocar la atención hacia adentro. Se trata de dirigir la atención no hacia objetos externos o pensamientos, sino hacia la propia naturaleza de la atención, la conciencia. Este enfoque interno lleva a una comprensión más profunda del "conocer al conocedor".

Es muy importante la desidentificación de la mente y el ego. Esto implica soltar las identificaciones con nuestros pensamientos, emociones, cuerpo y roles sociales, reconociendo que somos algo más allá de estas etiquetas temporales y limitadas.

Imagen del Nodo Infinito, representando la interconexión de todo y la eternidad, en línea con la no-dualidad. Los patrones sutiles a su alrededor buscan reflejar la unión entre la conciencia y la realidad absoluta, vinculando este símbolo del budismo tibetano con la filosofía Advaita. El Nodo Infinito refleja la no-dualidad en la que no hay principio ni fin. Igual que en la concentración interna, donde el yo, la mente y el mundo objetivo se desvanecen, el Nodo Infinito representa la experiencia pura de conciencia, siempre presente y autoconsciente.

La presencia continua y estable es fundamental en la práctica interna. Implica estar plenamente en el momento presente, observando la naturaleza transitoria de la existencia y encontrando estabilidad en la conciencia misma.

Al practicar la atención enfocada hacia el interior, la desidentificación de los aspectos efímeros del ser y el cultivo de la conciencia testigo, abrimos la puerta a una percepción más amplia y unificada de la realidad. Esta práctica es un viaje hacia la libertad interior y la realización espiritual, ofreciendo una perspectiva transformadora de la vida y de nosotros mismos.

"Conocer al conocedor" es esencial en el proceso de autoconciencia o concentración no-dual interna, ya que invita a explorar la fuente de nuestra percepción. En lugar de enfocarse solo en lo percibido, esta práctica dirige la atención hacia quien percibe. Al hacerlo, se revela una capa más profunda de conciencia, atención y sabiduría, llevando a una comprensión más integral del Ser. Esta introspección desemboca en un conocimiento más auténtico y profundo de uno mismo.

En el viaje hacia la autoconciencia, "conocer al conocedor" es un paso vital que implica que la propia conciencia se examine a sí misma. Es la conciencia la que, actuando autónomamente, se reconoce y descubre en su esencia, revelando así su naturaleza íntima.

Al enfocar la atención hacia adentro, más allá de los pensamientos y percepciones sensoriales, se abre un espacio para que la experiencia de no-dualidad se revele, llevando a un reconocimiento de que el observador y lo observado son, en esencia, uno y lo mismo. La atención, por tanto, no es solo un acto de concentración; es una herramienta poderosa para trascender la dualidad y experimentar la unidad en toda su plenitud.

Sin esfuerzo ni intención, se crea un estado de pura autoatención, donde la distinción entre conocer y lo conocido se disuelve. Así, se revela una experiencia de presencia unificada. Esta técnica revela una experiencia abierta y sostenida donde solo el estado de alerta y comprensión están presentes, representando la conciencia.

Imagen en blanco y negro de Buda Shakyamuni meditando con los ojos cerrados, rodeado de un paisaje sereno que simboliza un estado profundo de meditación y conexión con la conciencia-presente.
El entorno natural refleja la paz y la introspección presentes en la escena. Permite que la atención se enfoque directamente en sí misma. Observa cómo la atención-conocimiento opera autónomamente, sintiendo su propia naturaleza y funcionamiento. Este proceso, libre de distracciones externas o pensamientos, facilita un estado de despersonalización, sin acto volitivo alguno, donde te sumerges en la pura conciencia de ser, donde el yo no existe.

Modelo aproximado de una práctica interna no-dual

- Comienza cerrando los ojos sosteniendo la atención presente. Mantén un estado de alerta relajada, libre de intenciones específicas. Permite que cualquier esfuerzo disminuya gradualmente, sumergiéndote en una presencia tranquila y desapegada. En este espacio, la conciencia se vuelve sobre sí misma, revelando la unidad inherente de la experiencia.
- Permite que la atención atienda a la misma atención. Solo la atención-conocimiento atiende por si sola cómo la atención se siente y funciona, sin implicarte en ningún objeto externo o pensamiento, estas despersonalizado.
- La misma conciencia reconoce que hay una presencia testigo constante que observa los pensamientos y emociones como nacen y mueren. Siente como esa presencia se conoce y se percibe a sí misma como su verdadera
naturaleza, pero tú no estás ahí, esta actitud se hace sola, sin acción deliberada, despersonalizado.
- En la práctica de concentración no-dual, la conciencia pura se sostiene sola atenta, desconectándose de la mente, el cuerpo, los sentidos y el mundo externo. Esta atención-conocimiento, al permanecer sola, revela la esencia de la conciencia desligada de las distracciones físicas y mentales.

En momentos de quietud, reconoce que hay una presencia testigo constante que observa tus pensamientos y emociones que a veces surgen por si solos. Cuando los pensamientos se extinguen siente de nuevo esta presencia como tu verdadera naturaleza. Al liberarse de lo personal y objetivo, la atención se sostiene autónomamente en el presente. Esta práctica detiene la corriente de pensamientos, conduciendo a un completo silencio mental.

- Estas habilidades ayudan a desarrollar una comprensión más profunda de la no-dualidad y fomentan una experiencia directa de la unidad entre el observador y lo observado. Recuerda: las prácticas internas no-duales deben centrarse exclusivamente en la experiencia interna no en la externa.

- En el estado de presencia, solo la atención es consciente de sí misma, sin nadie más. Al pensar, regresas a la individualidad, perdiéndote en los contenidos mentales. Cuando los pensamientos cesan y la mente se aquieta, la atención retorna, revelando la escena de la conciencia pura.

- Toma conciencia de que hay una presencia constante observando estos pensamientos y emociones que surgen solos. Esta presencia es la conciencia-testigo conocedor interno que tiene que darse cuenta de su propia presencia, sin nada más en escena. Atiende cómo esta presencia testigo se reconoce y se percibe a sí misma.

- Tú, como entidad individual, no estás presente en las experiencias internas.

- Que la atención atienda al acto de atender, donde la atención misma se convierte en sujeto y objeto de atención, autónomamente, sin un ente que atienda. Desde que cierras los ojos, la atención se vuelve sobre sí misma, creando un bucle de autoconciencia.

- Mantén esta práctica sin esfuerzo. No fuerces la atención, simplemente permite que sea atraída naturalmente hacia la presencia testigo. Es una acción que ocurre por sí sola, una experiencia de despersonalización, ríndete, ahí no estás tú.

• Cuando surgen pensamientos, un testigo conocedor los reconoce sin resistencia. No hay lucha; no hay implicación personal. Deja que se vayan. La atención, autoluminosa y consciente, permanece atenta a sí misma, atendiendo y autoreconociéndose, Ser y serse simultáneamente. No necesitas buscar; la conciencia reside ya en tu interior, solo deja que se manifieste, atención y conocimiento.

• Reconoce que esta presencia pura que es luminosa y autoluminosa es tu verdadera naturaleza, más allá de la personalidad y el ego. La conciencia

Imagen del Ensō, que representa el vacío y la plenitud simultáneamente, como en la filosofía Zen. El círculo fluido simboliza tanto el vacío absoluto como la totalidad del ser. El Ensō expresa la coexistencia del vacío y la plenitud, reflejando el estado donde la conciencia no distingue entre lo pleno y lo vacío, sino que lo percibe como una unidad. El Ensō es un símbolo clave en el budismo Zen, tradicionalmente dibujado en un solo trazo para representar el momento en que la mente está libre y el cuerpo actúa en unidad. Refleja iluminación y la simplicidad pura del "aquí y ahora".

está dentro de ti; no hay que buscar, solo permitir su revelación.

• Es común sentir una profunda conexión con todo, una experiencia de unidad donde las fronteras entre tú y el mundo exterior se desvanecen. Pueden surgir insights o revelaciones sobre tu verdadera naturaleza, más allá de la identidad personal y el ego.

• La atención-conocimiento, siempre alerta y consciente, detecta autónomamente cualquier perturbación mental en su campo. Capta cualquier injerencia física o mental sin perturbarse, manteniéndose en escena y consciente de su presencia.

• Muchos practicantes reportan una sensación de paz y serenidad duradera, incluso en medio de situaciones cotidianas desafiantes.

Sentado bajo un árbol, como en tiempos antiguos, el sabio medita profundamente en la no-dualidad. En la quietud de la naturaleza, el ego se disuelve y la conciencia se revela como una con el universo, sin separación ni juicio. La práctica de la no-dualidad puede generar paz, aunque los pensamientos intrusivos y el ego pueden distraer. Al principio,es difícil mantener la atención, pero con el tiempo se vuelve natural. Es importante evitar expectativas y aceptar los desafíos como parte del crecimiento espiritual.

• Pensamientos intrusivos y preocupaciones pueden distraer fácilmente tu atención, alejándote del enfoque en la no-dualidad. La tendencia a identificarse con el ego y sus historias puede crear una barrera en el reconocimiento de tu naturaleza no-dual.

• Inicialmente, puede ser desafiante mantener la atención en la meditación y contemplar directamente. Sin embargo, rápidamente se vuelve natural, ya que refleja el estado inherente del Ser. Es un proceso de observar al observador, de conocer al conocedor, sin juicios mentales, una aproximación directa y pura.

• Tener expectativas específicas sobre los resultados de la práctica puede llevar a frustraciones y desánimo si no se cumplen.

• Estos desafíos y otros son normales y forman parte del viaje espiritual. Aceptarlos y aprender de ellos es crucial para profundizar en la práctica de la concentración interna no-dual y avanzar en el camino hacia la verdadera autoconciencia.

•   Persiste en esta avanzada práctica de concentración no-dual, sin desanimarte por los aparentes fracasos. A menudo, cuando crees que estás errando o fracasando, es precisamente cuando más beneficios y comprensiones profundas se están gestando.

•   Una de las experiencias más logradas es una profunda sensación de paz interior. Los practicantes encuentran que, incluso en medio del caos externo, pueden acceder a un espacio de calma y serenidad.

•   Lo importante es recordar que la búsqueda es innecesaria; tu conciencia ya está presente, solo haz espacio para su revelación.

En las primeras etapas de la meditación, la observación, observabas cómo el observador observaba los pensamientos y sus interrupciones, así como al vacío entre ellos. Esta práctica, aunque útil, mantenía aún una dualidad: un sujeto que observa y un objeto observado. Era un paso inicial hacia la comprensión, pero aún arraigado en la separación.

Avanzando hacia la concentración interna no-dual, experimentas ahora un cambio significativo. Aquí, la atención se desliga de los elementos externos y se fusiona con la conciencia o con la atención misma. Este proceso marca la transición

En el silencio sereno de su pequeño estudio, donde la luz suave de la tarde se filtra a través de las cortinas. Ella encuentra su santuario, se sumerge en un estado de meditación. A su alrededor, el mundo sigue su ritmo frenético, pero aquí, en este espacio, el tiempo parece dilatarse y suavizarse. La única evidencia de la vida más allá de su concentración es el ocasional canto de un pájaro o el distante murmullo de la ciudad. Ella, en cambio, se adentra más en su interior, buscando ese lugar de quietud absoluta, ese instante de no dualidad donde el 'yo' se desvanece y solo queda la experiencia pura de ser.

a un estado de verdadera no-dualidad. En este estadio, emergen cualidades perceptivas que son inherentes a la conciencia misma, ofreciendo una vía directa hacia el entendimiento, libre de influencias externas.

Este nivel de práctica exige una despersonalización, donde el 'yo' individual se extingue, permitiendo que la conciencia se revele en su estado más puro y unificado. En este espacio, la atención no se distrae ni se dispersa; se mantiene en un estado de auto-reconocimiento y auto-presencia, llevando a una profunda comprensión de la no-dualidad como la verdadera naturaleza del ser. No busques ni afuera ni dentro; la conciencia vive ya en tu ser, permite su despliegue, la intención es el yo.

Resumen del capítulo: la concentración interna no-dual

El capítulo explora el arte de la concentración interna no-dual desde la perspectiva de la tradición de interconexión o unidad. En este enfoque, la atención se retira de las percepciones sensoriales y los pensamientos externos, enfocándose completamente en la conciencia pura. La práctica implica la desidentificación con el cuerpo, la mente, las emociones y el mundo objetivo externo, permitiendo que la conciencia-testigo observe sin interferencia. La concentración interna no-dual busca disolver la dualidad entre el conocedor y lo conocido, reconociendo que ambos son manifestaciones de la misma realidad.

El texto describe cómo, al dirigir la atención hacia el interior, se experimenta la unidad fundamental entre el sujeto y el objeto, llevando a una comprensión directa de la realidad no-dual. Esta autoobservación o autoindagación no implica esfuerzo ni intención, sino una revelación natural de la conciencia en su estado más puro.

Se enfatiza la importancia de no involucrarse en los pensamientos, ya que estos son manifestaciones fugaces y transitorias mentales. La práctica lleva a una comprensión profunda de que todo lo percibido es una extensión de la conciencia misma.

Al seguir este camino, el practicante logra una transformación interna, donde la mente se aquieta y la atención se enfoca exclusivamente en la experiencia presente. Esta fusión del

conocedor y lo conocido es el núcleo de la práctica no-dualista, disolviendo cualquier separación entre sujeto y objeto,
y revelando la esencia de la no-dualidad como la verdadera
naturaleza del ser.

Imagen de un artista, inmerso en el proceso creativo, experimenta un estado de concentración no-dual externa. En este estado, el artista se funde con el acto de pintar, dejando de percibirse como un "yo" separado de su creación. Absorbido en el movimiento del pincel, el artista se convierte en un testigo desapegado, permitiendo que la expresión fluya sin juicio ni apego. Esta forma de concentración revela la unidad entre el creador y la obra, representando la esencia de la no-dualidad: la disolución del observador y lo observado en un único acto de percepción y creación. Esta forma de concentración permite una percepción más clara y directa del acto creativo, revelando no solo la belleza de la obra, sino también la unidad intrínseca entre el creador y la creación.

La concentración externa no-dual

La concentración no-dual externa en el contexto de la no-dualidad, implica una atención plena y consciente hacia el mundo externo, pero sin la interferencia del sentido del "yo" individual. Es un estado donde la conciencia se convierte en un testigo puro, observando y experimentando el mundo sin identificación con el ego o la mente. Esta práctica permite percibir el mundo externo como una extensión del ser, más que como algo separado.

Cuando la atención emerge espontáneamente y sin esfuerzo en el presente, utilizando los sentidos, se logra una concentración orientada hacia el exterior. En este estado, la percepción del objeto se vuelve despersonalizada; no existe un 'observador' específico, pero persiste una comprensión en forma de atención constante. La atención así se convierte en un acto de percepción pura, libre de la identidad del observador.

Una vez que la conciencia se manifieste como atención consciente durante la percepción externa, el paso siguiente es simplemente sostener y profundizar esa atención por el mayor tiempo posible. Esta práctica lleva a un estado meditativo, marcando el inicio de una inmersión más profunda en la meditación.

En este estado, el objeto de percepción no está asociado a un "observador" o "yo". No hay un 'alguien' que mire o vea, sino

En la tranquila atmósfera de un café iluminado suavemente, dos personas se sumergen en una conversación profunda. Mientras uno habla con pasión, el otro escucha con una atención inquebrantable, reflejando un perfecto ejemplo de concentración no-dual externa. En este intercambio, la barrera entre el orador y el oyente se disuelve, fusionando sus presencias en una unidad compartida. El acto de escuchar se transforma, no solo en oír palabras, sino en percibir la esencia del otro sin la interferencia del ego.

una comprensión y percepción pura. Esto representa un estado avanzado de conciencia donde la distinción habitual entre el observador (el "yo") y lo observado (el objeto) se disuelve. En este estado, la atención presencial y la comprensión ocurren y se sostienen presentes de manera pura, directa y estable, sin nada más en acción sin la intermediación de una atención individualizado, sin un acto volitivo como intermediario.

La concentración no-dual externa, al eliminar etiquetas y formas mentales de la percepción, deja una atención clara, consciente y permanente. Esta conciencia-testigo ofrece una percepción directa y serena, libre de conceptos interpuestos, priorizando una conciencia-testigo vigilante y viva sobre cualquier etiqueta mental.

Observar el mundo externo mediante los cinco sentidos, mientras se superan los juicios de valor, transforma esa atención en una conciencia más profunda. No obstante, esta percepción externa nace internamente y no depende de los sentidos. Si intentas validarla a través de ellos, desplazas la atención y reintroduces el concepto de individualidad.

Por ejemplo, desde la perspectiva de la no-dualidad cuando escuchas a una persona y no juzgas y tratas de comprender, estas acercándote los demás desde un estado de conciencia abierta y receptiva, verdadera concentración, en lugar de a través de juicios y categorizaciones. Todos los fenómenos son vistos como manifestaciones de la única realidad subyacente, la conciencia, que se expresa en forma de atención y conocimiento. Sin embargo, cuando Juzgas implica una división o dualidad entre yo y el otro, lo cual refuerza la ilusión del ego y la separación.

La práctica de la atención externa es tan crucial como la introspección, particularmente porque muchos practicantes de meditación se centran más en su aplicación en la vida diaria. Sin embargo, es importante reconocer que los cambios más auténticos y profundos suelen iniciarse desde el interior y se manifiestan hacia el exterior.

En la despersonalización, el sentido habitual de un "yo" individual que observa, piensa o siente se atenúa o desaparece. Esto no significa una pérdida de la conciencia, sino una transformación donde la identificación con un "yo" individual se reduce significativamente. La percepción en este estado no está coloreada por las proyecciones personales, los juicios o las interpretaciones basadas en experiencias pasadas o expectativas futuras. Es una percepción inmediata de lo que es, tal como se presenta en el momento presente.

No obstante, los términos "exterior" e "interior" se refieren principalmente al cuerpo y a la mente, con la comprensión de que lo que percibimos como externo es en realidad una proyección de nuestro mundo

Imagen de un paisaje sereno con un individuo sentado frente a un lago o una ventana, donde el reflejo proyecta elementos internos, como pensamientos y emociones (aunque los pensamientos y emociones no son considerados internos, lo único interno es la conciencia-testigo), fusionados con el entorno exterior. Esta imagen capta la unión entre el mundo interno y externo en un estado de conciencia unificada. En la no-dualidad, la distinción entre interior y exterior se disuelve. Lo que percibimos como externo es una proyección de nuestro estado interno. Ambos son manifestaciones de la misma conciencia, reflejando la unidad esencial entre el ser y el universo.

interno. Esta idea subraya que nuestras experiencias externas son reflejos de nuestro estado mental y emocional interno. La conciencia testigo, esa presencia observadora y consciente, emana de un estado interno más profundo, el cual es el asiento de la conciencia pura.

En la no-dualidad, este entendimiento lleva a una profunda implicación, la separación aparente entre el mundo interno y externo es ilusoria. En lugar de ver el cuerpo y la mente como entidades separadas de nuestra verdadera esencia, se reconoce que son manifestaciones o expresiones de la misma conciencia. La percepción de un "exterior" y un "interior" distintos se disuelve en la comprensión de que ambos son aspectos de una única realidad.

La conciencia testigo observa tanto los fenómenos internos como los externos desde una perspectiva de unidad. Las experiencias externas son vistas como espejos de nuestro estado interno. Esto significa que el entorno en el que nos encontramos y las situaciones que vivimos son reflejos de nuestra propia conciencia y estado mental.

Esta comprensión lleva a una percepción más integrada y holística de la vida. La conciencia testigo no es una entidad separada del mundo que observa, sino la fuente de toda percepción y experiencia. Desde esta perspectiva, no hay diferencia entre observador y observado; todo es expresión de la misma conciencia.

En la práctica de la meditación, podemos experimentar una sensación de dualidad, como si existieran dos entidades distintas dentro de nosotros: una interna, la conciencia testigo, y otra externa, compuesta por la mente, el cuerpo y el yo personal. Esta percepción puede hacer sentir como si la entidad interna reconociera a la externa, pero no viceversa. Esta experiencia plantea una pregunta relevante en el marco de la no-dualidad, ¿Acaso lo que inicialmente parecen ser dos entidades separadas, una interna y otra externa, se revelan con la práctica como una sola?

En la no-dualidad, este fenómeno se comprende como parte del proceso de profundizar en la comprensión e indagación de nuestra verdadera naturaleza. Inicialmente, la práctica de la meditación puede dar la impresión de que hay una separación entre el observador (la

conciencia testigo) y lo observado (el cuerpo, la mente y el
yo). Sin embargo, a medida
que se avanza en la práctica,
se empieza a experimentar
una unificación de estas dos
entidades aparentemente distintas, tomamos como ejemplo
el tiro al arco.

En la no-dualidad, se reconoce que la conciencia testigo
no es algo aparte de la mente,
el cuerpo y el yo, sino que todos son manifestaciones de
la misma realidad. La mente
y el cuerpo se convierten en
vehículos a través de los cuales la conciencia experimenta
y se conoce a sí misma. Con
la práctica continua, cambia
la forma en que percibimos
nuestra identidad y nuestra
relación con el mundo. Ya no
nos vemos como individuos
aislados, sino como expresiones de una conciencia más
amplia y conectada.

El tiro al arco es presentado como
una metáfora de la no-dualidad, donde
el arquero, el arco, la flecha y el
blanco se funden en una unidad.
Esta práctica destaca la disolución de
la dualidad entre observador y
observado, esencial en la meditación
no-dual. En el momento previo a
lanzar la flecha, el arquero
experimenta una concentración
absoluta, alineando mente, cuerpo y
conciencia en una única acción.
La fase de apuntar y soltar simboliza
la integración del yo con el entorno,
donde desaparecen las barreras entre
sujeto y objeto. Este instante de
liberación de la flecha refleja la unión
con el presente, mostrando que él
ahora es la única realidad, un momento
puro que encapsula la esencia de la
acción y del ser.

Por otro lado, en la no-dualidad, la frase "tomar la vida como
viene y ser consciente de que es la vida la que viene a nosotros y no
nosotros a la vida" resalta la comprensión de que la experiencia de
la vida es un flujo continuo de acontecimientos que simplemente se
manifiestan en la conciencia. No somos agentes externos que entran
en este flujo, sino observadores inmutables ante el cual la vida se
despliega.

Esta perspectiva enseña que la vida no es algo que controlamos o hacia lo que nos movemos, sino una serie de eventos que ocurren dentro del campo de nuestra conciencia pura. Reconocer esto nos ayuda a adoptar una actitud de aceptación y presencia constante, entendiendo que "nosotros", en nuestra esencia más profunda, somos la conciencia misma en la que todos estos fenómenos temporales aparecen y desaparecen. Esta realización fomenta una mayor paz interior y libertad, al no identificarnos con los altibajos de la vida cotidiana.

Imagen de una persona sentada pacíficamente en un bosque tranquilo,
concentrado muy atentamente en las hojas moverse con el viento.
Esta escena captura una conexión profunda y paz, ilustrando el concepto
de estar completamente atento y presente experimentando la
interconexión con la naturaleza.

La importancia de la concentración externa

Si no se entrena la atención para permanecer en el presente, los momentos de concentración intensa serán cortos y pasajeros. Aun así, incluso con una experiencia limitada, se puede percibir que en un estado de plena atención, no existe distinción entre el espectador y el espectáculo, simplemente una atención desprovista de intención. Esta forma de atención, empleando cualquiera de los cinco sentidos, constituye una práctica de concentración no dual en el entorno externo.

Actividades como escuchar música, leer, percibir aromas, degustar alimentos o jugar a la ajedrez son ejemplos de concentración no-dual externa. En ellas, los sentidos se centran espontáneamente, disolviendo el concepto del "yo" y revelando una conciencia-testigo unificada que busca la unidad en toda experiencia.

La atención y la conciencia permanecen firmemente ancladas en el presente, sin ser perturbadas por la fluctuación de los pensamientos o emociones personales. Consiste en una presencia ininterrumpida y estable en la práctica no-dual externa es esencial. Aquí, la atención y la conciencia se mantienen constantes en el ahora, inmunes a las distracciones de pensamientos o emociones fluctuantes internas. Este anclaje en el presente facilita una percepción clara y sin interrupciones del mundo externo, crucial para experimentar la unidad y la

En esta imagen dos jóvenes se sumergen profundamente en una partida de ajedrez, representando un ejemplo visual de la concentración no dual. Despersonalizados y completamente absortos en el juego, ellos encarnan la esencia de estar totalmente presentes y unificados con la actividad que realizan, sin distinción entre el jugador y el juego, el pensador y el pensamiento. A su alrededor, el mundo se desvanece en un fondo borroso, destacando su concentración y el silencio mental que acompaña su concentración. Esta escena no solo muestra una competencia entre dos mentes, sino una danza de movimientos y contra-movimientos donde los contrarios se entrelazan y coexisten en armonía perfecta, cada jugador y cada pieza reflejando un equilibrio de fuerzas en juego, un microcosmos de la realidad sin dualidad.

conexión profunda con cada momento vivido.

Este estado permite un tipo de conocimiento más intuitivo y profundo, que va más allá del análisis intelectual. Es un entender sin el proceso habitual de pensamiento discursivo. Al no haber un "yo" que etiquete o categorice las experiencias, se vive una libertad respecto a las construcciones y limitaciones mentales habituales.

Es una experiencia de libertad pura, donde la conciencia se mueve espontáneamente, liberada de las restricciones y guías habituales del "yo", permitiendo una percepción y conexión auténticas con el presente en su forma más pura. Evita que tu voluntad domine; deja que tú 'yo' se desvanezca. Ya sea pensando, escuchando o conversando, permanece en el presente. Al trascender el 'yo-mente', contemplarás el mundo desde una perspectiva no-dual, liberada de la dualidad.

Aunque el sentido del "yo" se atenúa, hay una integración de la experiencia. Se vive una sensación de estar completamente presente y participando en la experiencia, pero sin la sensación de separación o dualidad. Este estado altera profundamente la manera en que se percibe el mundo externo y las relaciones con él. Las cosas se ven en su existencia pura, libres de las proyecciones y las narrativas personales.

Antes de concluir este capítulo, me gustaría compartir una observación sobre el comportamiento de muchas personas cuando salen a pasear, ya sea por el campo, la playa o la ciudad. Vivo en un entorno rural, específicamente en una montaña conocida como la Sierra de la Vida en Laredo, donde frecuentemente me encuentro con personas que vienen a caminar y charlan conmigo. Me cuentan lo mucho que disfrutan de su paseo, hablan sobre la belleza del paisaje y del mar que se divisa desde aquí. Siempre les planteo la misma pregunta: ¿Pueden mantener su atención plenamente en el momento presente o se ven distraídos por pensamientos que surgen mientras caminan?

Ellos responden que sus mentes están constantemente

En la imagen, una señora camina tranquilamente por un campo expansivo, su semblante refleja un cúmulo de pensamientos que nublan su capacidad de estar plenamente presente. Este retrato ilustra un fenómeno común: muchas personas se pierden la riqueza de la naturaleza y la vida misma por estar atrapadas en las preocupaciones y el tumulto mental. Atrapados en sus dilemas, olvidan contemplar el mundo tal como es. La concentración no-dual externa nos invita a disolver la barrera entre nosotros y el entorno, permitiendo una percepción pura y directa de cada momento. Al vaciar la mente de preocupaciones, podemos apreciar verdaderamente la belleza y la simplicidad de la naturaleza que nos rodea, reconociendo cada detalle y cada susurro del viento como partes intrínsecas de nuestra propia existencia.

llenas de pensamientos intrusivos, sobre el pasado, el futuro y recuerdos. A veces, incluso se sorprenden gesticulando, hablando o respondiendo a sus propios pensamientos, lo que se conoce en mindfulness como estar en piloto automático. Me resulta difícil entender cómo pueden disfrutar del entorno en esas condiciones. Para mí, la verdadera felicidad reside en vivir plenamente en el momento presente.

Aprender a vivir plenamente en el presente es la primera lección que debemos dominar en nuestro camino. La habilidad de disfrutar plenamente de cada experiencia que nos brinda la naturaleza es un indicador clave de progreso en la meditación. Si no podemos mantener nuestra atención en el momento presente, tanto en la práctica externa como en la interna, es señal de que algo no está yendo bien en nuestro camino espiritual.

Los pensamientos intrusivos son como visitantes no deseados en la mente, que irrumpen sin invitación y perturban la paz interior en cualquier momento del día. Pueden ser persistentes y perturbadores, dificultando la concentración y el enfoque en las tareas diarias. A menudo, estos pensamientos son negativos o ansiosos, generando preocupación y malestar emocional. Aprender a manejar los pensamientos intrusivos es fundamental para cultivar la tranquilidad mental y el bienestar emocional. Prácticas como la observación, concentración y meditación no-dual son muy efectivas y trabajan sin duda la mente y el yo.

En la imagen, un círculo de niños se sumerge en un juego, capturando la esencia de la concentración no-dual en su forma más pura y auténtica. Absortos en su mundo, estos pequeños maestros nos enseñan una lección invaluable: estar completamente presentes. Sin las cargas del pasado o las preocupaciones por el futuro, cada niño está totalmente entregado al momento, participando con todo su ser.

Este enfoque natural y espontáneo hacia la vida es un recordatorio de lo que solemos perder como adultos. Los niños, en su simplicidad, no solo juegan: viven cada segundo de su juego, exploran cada posibilidad que el presente les ofrece. Observarlos es ver la práctica de la concentración no-dual en acción: una total integración con el momento y con su entorno, sin separación entre el yo y la experiencia. Percibir y atender a los niños es aprender de su capacidad de maravillarse y sumergirse en cada actividad sin prejuicios ni reservas. Quizás, en su compañía, podamos recordar cómo reconectar con ese estado de presencia plena, viendo el mundo una vez más con ojos de asombro y pura curiosidad

Ejemplo de la práctica externa no-dual en la vida diaria

- Es esencial cultivar y mantener la atención en todas nuestras acciones diarias, durante todo el tiempo que estemos despiertos. Esta práctica debe continuar hasta que se convierta en un hábito, donde cada acción se realice plenamente en el presente, sin divagaciones, y alineada con los principios de la no-dualidad.
- En el estado de concentración y meditación no dual, la dualidad entre sujeto y objeto debe desvanecerse. La percepción del mundo ha de ser tal que, al observar un árbol, no te veas separado de él. Debe surgir una contemplación directamente no dual, donde la atención y el conocimiento se fusionen en la acción.
- Atención presencial en el aquí y ahora es guiada por el conocimiento, el discernimiento y la comprensión, sin apego ni dependencia.
- Atención consciente al leer, absorber cada palabra sin juicio.
- Comer con plena conciencia, saborear cada bocado, notando texturas y sabores.
- Caminar conscientemente, sentir cada paso, observar el entorno con atención.
- Escuchar música, sumergirse en cada nota, experimentar la música más allá del sonido.

The external conpertation practice from non-dual Advata trasdition.

Imagen de una chica escuchando música cómodamente sentada en una silla, con las piernas en ángulo recto, representando la práctica de concentración externa en la tradición no-dual. Escuchar música en concentración externa es una práctica no-dual que invita a sumergirse completamente en los sonidos, sin juzgar ni interpretar. En la tradición no-dual, la atención presencial en la experiencia sensorial ayuda a trascender la dualidad entre oyente y sonido.

- Ver una película, estar completamente inmerso, sin prejuicios ni expectativas, sin verte separado del tema de la película.

- Contemplar una puesta de sol, observar los colores y formas, sin etiquetar ni interpretar.

- Mirar un cielo estrellado, sentir la inmensidad del universo, conectando con el todo, sumido en la contemplación. Evita dividir el mundo en dos, que no aparezca la dualidad.

- Escuchar el llanto de un bebé, percibir el sonido con empatía y presencia.

- Expanden la atención hacia todo lo que te rodea, observa la naturaleza, siente la conexión con cada elemento.

- En la conversación, escucha activamente, sin anticipar respuestas.

- Trabajo y tareas diarias: realiza cada acción con total presencia y sin la interferencia del "yo", no te separes de lo que haces, unión.

- Practica deportes o ejercicios físicos atendiendo a las sensaciones corporales y al entorno, bien concentrado.

- Percibe cómo la atención no-dual transforma la experiencia de actividades comunes. Disolución de la barrera entre sujeto y objeto en la percepción. Experimenta la unidad en la diversidad del mundo externo.

- Elige una actividad diaria como lavar los platos, caminar o comer. Realizarla con total atención, observando cada detalle y sensación sin juicio ni análisis.

- Dedica unos minutos al día para sentarte tranquilamente y observar tus pensamientos. No los juzgues ni te apegues a ellos; simplemente sé testigo de cómo surgen y desaparecen.

Caminar con los ojos abiertos, plenamente consciente de las sensaciones del cuerpo o de cualquier estímulo que atraviese los sentidos, es una práctica de meditación externa en la no-dualidad. En este estado, la atención se dirige hacia el mundo exterior, hacia el tacto del viento, los sonidos lejanos o las texturas bajo los pies, sin permitir que la mente se desplace a los pensamientos internos. Aquí, la conciencia-testigo permanece alerta, observando sin identificarte con lo que ocurre. Este enfoque exterior, cuando se mantiene sin interrupción, revela la unidad entre lo que observas y el observador, disolviendo la aparente separación entre ambos.

• Toma un momento para concentrarte en tu respiración o en las sensaciones de tu cuerpo. Siente cada inhalación y exhalación, y observa cómo tu mente se centra en el momento presente.

• Al caminar, ya sea por motivos de ejercicio o para ir a algún lugar, presta atención a cada paso, a cómo tus pies tocan el suelo, a los sonidos y vistas a tu alrededor.

• Elige un objeto cotidiano, como una planta o una taza de café, y obsérvalo durante unos minutos sin ponerle etiquetas o nombres. Simplemente experimenta el objeto tal como es.

• Contemplar el mundo y las cosas desde una perspectiva no-dual, sin que el 'yo' domine la experiencia, sin división.

• En situaciones de espera, como en una fila o en el tráfico, utiliza ese tiempo para practicar la atención plena. Observa tu entorno o tus sensaciones internas sin impaciencia.

• Dedica unos momentos cada día para reflexionar sobre cómo todas las experiencias y seres están interconectados, reforzando la idea de la no-dualidad en tu perspectiva diaria.

• Mira un árbol, percibe su forma, color y textura sin etiquetar ni comparar, no te veas separado ni alejado del árbol, conexión.

• Contempla las olas del mar, siente su movimiento continuo como parte de tu propia existencia.

• Observa a las personas en un espacio público, notando la diversidad sin juicios ni categorizaciones.

• Mientras cocinas, observa cada ingrediente, su color, aroma, y textura, como una expresión única del universo.

• En reuniones, enfócate en el momento presente, absorbiendo información sin preconcepciones.

• Al trabajar en un proyecto, sumérgete completamente en cada detalle, sin pensar en el resultado final.

• Al dibujar o pintar, fluye con cada trazo sin pensar en la obra final.

• Escribe libremente, dejando que las palabras fluyan sin censura ni juicio.

Conducir un coche desde la perspectiva de la no-dualidad implica estar completamente presente, con las manos en el volante y la atención alerta a cada momento. No hay espacio para distracciones, ya que cualquier desvío de la atención —vagabundear entre el pasado y el futuro— puede ser fatal. Muchos accidentes ocurren precisamente por esta falta de concentración, cuando la mente se pierde en pensamientos ajenos a la carretera. Estudios muestran que más del 25% de los accidentes son causados por la distracción del conductor. La no-dualidad enseña que, al permanecer plenamente en el presente, el conductor se convierte en un testigo consciente de su entorno, reduciendo riesgos y asegurando un viaje más seguro y atento.

- Camina descalzo sobre la hierba, sintiendo la conexión directa con la tierra.

- Durante momentos de estrés, toma un instante para observar tus pensamientos, emociones y reacciones sin identificarte con ellos.

- En situaciones difíciles, practica ver los eventos desde una perspectiva de testigo, sin involucrarte emocionalmente.

- En momentos felices, sumérgete completamente en la alegría, sin aferrarte a ella.

- En tiempos de tristeza, observa tus sentimientos sin juzgarlos ni rechazarlos, con aceptación, permitiéndoles ser.

- Mientras conduces o usas el transporte público, enfoca tu atención en los sonidos, vistas y sensaciones del viaje. Observa cómo cada elemento del trayecto se presenta y desaparece en tu conciencia, sin aferrarte a ninguno.

- Evitar que las respuestas mentales automáticas y condicionadas interfieran en la percepción pura.

- Al interactuar con una mascota o cualquier animal, intenta conectar sin palabras. Percibe su presencia y comportamiento como un reflejo de la vida natural, sin imponer interpretaciones humanas.

- Observa los cambios en el clima, como la lluvia, el viento o el sol. Siente cómo cada fenómeno meteorológico afecta tus sentidos y tu estado de ánimo, percibiéndolo todo como parte de un flujo constante de experiencias.

- Al despertar, toma unos momentos para estar consciente de tu entorno. Observa la luz, los sonidos, la sensación de las sábanas, permitiendo que cada percepción se manifieste sin prisa ni juicio.

- El objetivo es descubrir la Unidad en todo, reconociendo que la atención, la conciencia y el conocimiento son aspectos de una única realidad.

- Al jugar o interactuar con niños, intenta ver el mundo desde su perspectiva. Observa su curiosidad y asombro sin preconceptos, permitiéndote experimentar el mundo con una frescura similar.

- En el supermercado o cualquier tienda, practica la observación sin juicio. Mira los colores, formas y texturas de los productos, experimentando el acto de comprar como un proceso de observación y elección consciente.

- Al final del día, reflexiona sobre tus experiencias. En lugar de juzgar o analizar, simplemente observa los recuerdos flotando en tu conciencia, dejándolos ir con tranquilidad.

- Al realizar tareas repetitivas o monótonas, como limpiar o archivar documentos, usa esta oportunidad para practicar la atención sostenida en el momento presente. Observa cada movimiento, cada objeto, como una parte integral de tu experiencia de vida.

• Al cuidar de las plantas, ya sea regando o podando, concéntrate en cada acción y en cómo cada planta responde. Siente la conexión entre tus acciones y la vida de la planta, observando el proceso de crecimiento y cambio.

La imagen de un hombre pescando, con un corcho inusualmente grande para simbolizar la distracción a pesar del aparente enfoque, nos sumerge en una reflexión profunda sobre la concentración no dual y la atención consciente. Este escenario pacífico, con el pescador tranquilo y absorto en sus pensamientos contra un fondo marino sereno, no solo captura la belleza física del acto de pescar sino también su complejidad psicológica. Aunque el pescador parece concentrado, su mente en realidad divaga entre pensamientos, recuerdos y planes futuros, un fenómeno conocido como pérdida de atención consciente. Esta situación ilustra la lucha interna entre estar presentes y la tendencia natural de la mente a vagar. La pesca aquí se transforma de un simple pasatiempo a una práctica de concentración externa. La pesca, en este contexto, se convierte en mucho más que la captura de peces; es una metáfora para el desarrollo de la presencia consciente, una posibilidad para meditar y conectar con nuestro entorno de una manera profundamente no-dual.

• Aprovecha los momentos de quietud, ya sean programados o inesperados, para observar tus pensamientos y sensaciones sin involucrarte. Permite que el silencio te envuelva, ofreciendo un espacio para la percepción pura.

• Al eliminar etiquetas y conceptos mentales, prevalece una atención consciente y alerta.

• En tareas como coser, tejer o construir algo, enfoca tu atención en el proceso. Observa cómo tus manos trabajan, cómo los materiales responden, y cómo surge algo nuevo de la combinación de tu esfuerzo y creatividad.

• Todos los estímulos sensoriales actúan como puntos de enfoque para la atención, permitiendo una percepción clara y no objetivada de la realidad.

• Mientras te duchas o tomas un baño, presta atención a las sensaciones del agua en tu piel, el sonido del agua, el aroma del jabón. Experimenta este acto diario como una renovación y una conexión con el elemento agua.

• Si viajas o exploras un nuevo entorno, hazlo con una mente abierta y receptiva. Observa los nuevos paisajes, sonidos y olores sin compararlos con tus experiencias pasadas, permitiendo que cada nueva percepción sea única.

• La atención consciente se mantiene de forma continua y estable, entrando en un estado meditativo que trasciende la individualidad.

• Con cada cambio de estación, toma un momento para observar las transformaciones en la naturaleza. Percibe los cambios en el clima, la flora y la fauna como un ciclo continuo de vida.

• En la no-dualidad, la distinción entre "externo" e "interno" se disuelve, y ambos se experimentan como aspectos inseparables de una misma realidad.

• En la visión no dual, se supera la percepción de separación entre el veedor y lo visto. No hay una división nítida entre el sujeto que percibe y el objeto percibido; ambos se experimentan como una unidad.

- La atención no dual implica una total presencia en el momento presente, sin la interferencia del pensamiento conceptual. Es una forma de percepción que trasciende las categorías mentales y la dualidad sujeto-objeto.

Estos ejercicios prácticos exploran prácticas de conciencia-testigo en la vida diaria, adaptándose a niveles variados de práctica espiritual. Se centra en integrar la atención plena y no-dual en todas las actividades, desde las más simples hasta las más complejas. Estas prácticas buscan eliminar la separación entre observador y observado, fomentando una experiencia de vida unificada y consciente (pueden practicarse en cualquiera de los tres pasos según la experiencia de cada uno: durante la observación, concentración o meditación). Su objetivo es cultivar una constante autoindagación y atención presente, transformando nuestra percepción de la realidad.

Se enfatiza la importancia de integrar la conciencia no-dual en el día a día, transformando cada actividad en una oportunidad para el autoconocimiento. Estos ejercicios promueven una atención sostenida y constante, reduciendo la división entre el observador y lo observado, y permitiendo vivir experiencias más auténticas y conectadas. La meta es una transformación profunda en la interacción con el mundo, experimentando la vida desde

En una pared rocosa, un joven está escalando con gran concentración. Su expresión muestra determinación y presencia absoluta. Cada músculo y movimiento reflejan el enfoque total en el momento presente. La textura de la roca y los detalles de sus movimientos están capturados con precisión, subrayando la intensidad del desafío. En el fondo, la luz y las sombras juegan de manera que crean un contraste fuerte, simbolizando el equilibrio entre la dualidad y la no dualidad. La imagen transmite una sensación de unidad y armonía en la lucha por ascender, como si el joven y la roca fueran una sola entidad en ese instante. Esta concentración, refleja la idea de la no dualidad y la inmersión en el momento presente.

una perspectiva integrada y unificada, donde cada momento se vive con plenitud y claridad.

La atención no dual reconoce la experiencia como una totalidad integrada, sin fragmentación perceptiva, apreciando en silencio la interconexión y la unidad en todo. Trasciende la mente para abarcar todo el ser, superando divisiones subjetivas y objetivas. Permite una respuesta espontánea y fluida a la realidad, sin resistencia ni esfuerzo, manifestando una fluidez natural en la interacción con el mundo. Esta perspectiva invita a una presencia plena en el momento presente, liberándonos de la limitación de las estructuras conceptuales y permitiendo una conexión más profunda y armoniosa con la realidad circundante.

Resumen: concentración externa no-dual

La concentración no-dual externa implica una atención plena hacia el mundo externo sin identificación con el "yo" individual. Es un estado en el cual la conciencia se convierte en un testigo puro, observando el mundo sin la interferencia del ego. Este proceso permite percibir el entorno como una extensión del ser, donde la distinción entre observador y lo observado desaparecen.

La práctica de la concentración externa se basa en mantener la atención despersonalizada, permitiendo una percepción pura y directa. A través de los cinco sentidos, la atención se ancla en el presente sin juicios ni pensamientos intrusivos, trascendiendo la dualidad. Este enfoque lleva a un estado de meditación en el cual el observador y lo observado se unifican.

La integración de esta concentración no-dual en la vida diaria transforma actividades comunes como escuchar música, caminar, leer, comer, escuchar, ver una película o conversar, en oportunidades para experimentar la unidad entre sujeto y objeto. En este estado, la conciencia no se distrae con pensamientos o juicios, sino que permanece presente y alerta, permitiendo una experiencia-testigo.

La práctica externa no dual requiere una atención constante en el momento presente, libre de etiquetas mentales. La percepción del mundo se vive en su forma más pura, eliminando la barrera entre el "yo" y el entorno. Esto genera una conexión profunda y una comprensión intuitiva de la realidad.

PARTE IV

EL CONOCEDOR SE CONOCE Y A LA VEZ CONOCE EL UNIVERSO

La imagen captura la esencia de la meditación no dual, donde el meditador
se convierte en uno con el universo. Sentado en posición de loto,
rodeado de elementos cósmicos, el conocedor se sumerge en un estado de
conciencia pura. En esta profunda introspección, no hay distinción entre
el observador y lo observado; el conocedor se conoce a sí mismo y, al
mismo tiempo, reconoce su unión intrínseca con el cosmos. Esta
representación simboliza la disolución de las fronteras del ego,
permitiendo que el conocedor se expanda y experimente la totalidad del
universo. Es un encuentro donde el tiempo y el espacio pierden su rigidez
habitual, y la conciencia individual se fusiona con la conciencia
universal. Aquí, en este sagrado encuentro, el conocedor no solo ve el
universo, sino que se siente como una parte integral y eterna de él.

Tercera etapa
Pasos previos a la meditación

Antes de adentrarnos en la meditación, es esencial resaltar un principio fundamental en la no dualidad, es la idea de que la conciencia pura y eterna ya está presente en todo momento y en todas las experiencias. Esta conciencia, se considera el sustrato subyacente de la realidad, la base sobre la cual todo emerge y desaparece. Por lo tanto, la frase "lo que ya existe, lo que se revela por sí solo" indica que esta conciencia no es algo que se adquiera o se alcance a través de esfuerzos externos; más bien, está presente en la naturaleza de la existencia misma. No puede ser creado ni destruido, ya que es la esencia misma de todo lo que es.

Cuando se dice que "no podemos hacer nada para que se manifieste esta conciencia", se está señalando que la conciencia no dual no es un objeto de experiencia que pueda ser alcanzado a través de prácticas o técnicas específicas. Más bien, se trata de un reconocimiento directo de nuestra verdadera naturaleza, que surge cuando la mente se aquiete lo suficiente para permitir que la conciencia pura se revele por sí misma.

En lugar de ver el mundo como una colección de objetos separados y distintos, la perspectiva no-dual sostiene que todo es una expresión de la misma realidad subyacente. En este sentido, la práctica espiritual no se trata de alcanzar algún estado especial de conciencia, sino de despejar los obstáculos que impiden el reconocimiento directo de nuestra unidad con el cosmos. No podemos "hacer" que se manifieste, en el sentido de crearla o producirla, sino que podemos abrirnos a su presencia inherente mediante la quietud de la mente y la rendición a la verdad última de nuestra existencia.

No obstante, sobre la conciencia y su presencia en todas las formas de vida puede variar dependiendo de la interpretación de los maestros y de la tradición específica. Sin embargo, hay algunas ideas generales que se pueden considerar desde esta perspectiva: En la no dualidad Advaita, se enseña que hay una única realidad subyacente que se manifiesta de diversas formas. Esta realidad es considerada como la conciencia suprema o divina, que es la esencia misma de todo lo que existe.

Otras consideran grados de conciencia, la conciencia es reconocida como la esencia de todas las formas de vida, se reconoce que hay diferentes grados de conciencia en la manifestación fenoménica.

La meditación es una herramienta poderosa para calmar la mente y permitir que la conciencia pura se revele. Al dedicar tiempo regularmente a la meditación, podemos abrirnos a una experiencia más directa de nuestra naturaleza esencial. La indagación es una práctica común en la tradición no-dual. Al cuestionar nuestras creencias y conceptos arraigados sobre la identidad personal, podemos llegar a reconocer la naturaleza ilimitada y no dual de la conciencia.

Por ejemplo, se puede considerar que los seres humanos tienen un grado más elevado de conciencia y autoconciencia en comparación con otras formas de vida.

A pesar de las diferencias en los grados de conciencia, desde la perspectiva no-dual, todas las formas de vida son igualmente dignas y merecedoras de respeto y consideración. Esto se debe a que todas están fundamentadas en la misma realidad última.

Volviendo al ser humano, si bien es cierto que la conciencia no dual se considera inherentemente presente en cada ser humano y en todas las experiencias y formas de vida, también se reconoce que la mente ordinaria está a menudo velada por ilusiones y apegos que obstaculizan su reconocimiento. Por lo tanto, aunque la conciencia no dual no puede ser "creada" o "producida" en el sentido convencional, hay prácticas (como la concentración y meditación no-dual) que pueden ayudar a disolver los obstáculos que impiden su manifestación natural.

La rendición implica dejar de lado la resistencia, la intención y todo esfuerzo de origen mental o dual, y dejar hacer o resígnate, que el yo-mente apegos y condicionamientos se diluyan solos, aparecerá sin duda lo que verdaderamente eres, conciencia-testigo. Al soltar el control y permitir que la meditación fluya sola, sin perder la atención y conocimiento de forma natural, surgirá sin duda la presencia de la conciencia no dual.

Sumergirse en las enseñanzas de la no dualidad, ya sea a través de textos sagrados, enseñanzas de maestros iluminados o discusiones con otros practicantes, puede ayudar a nutrir una comprensión más profunda de la naturaleza de la conciencia no dual y a fomentar su manifestación en nuestra vida diaria.

La imagen representa un sereno y profundo estado de meditación
no-dual interna, ilustrado a través de una figura solitaria en pose
meditativa, situada en un entorno que difumina la línea entre los mundos
interno y externo. Esta representación visual simboliza la unidad y la
continuidad entre el yo y el universo, reflejando un profundo estado de
paz interior y conciencia testigo
presencial. La meditación no-dual interna, como se visualiza aquí, es un
acto de introspección profunda donde la mente se libera de distracciones
y se sumerge en la realidad fundamental de la existencia.

Viaje a través de la meditación no-dual interna

Esta sección dedicada a la meditación será un poco más extensa, ya que la verdadera meditación es considerada la práctica central de la no-dualidad. Además, es importante aclarar muchos aspectos cruciales relacionados con la meditación no-dual para distinguirla de otras técnicas que a veces se llaman meditación de manera errónea. Es fundamental comprender que si la meditación no se realiza de manera adecuada, será difícil que se revele por si sola todo lo que se ha propuesto previamente en este libro.

Se considera que la verdadera meditación interna ocurre cuando el conocedor, que no es más que la conciencia misma, se percata de manera autónoma y en el instante presente de que está conociendo. Esta es una actitud no dual que ningún otro conocedor puede comprender.

En la aplicación práctica de la no-dualidad, el proceso suele desarrollarse de la siguiente manera:

Inicio del discernimiento: al cerrar los ojos, lo primero que emerge es el discernimiento, la habilidad para diferenciar entre lo que es real (la conciencia pura) y lo que es irreal (los pensamientos y distracciones). Este es un momento de reconocimiento y claridad donde se distingue entre la verdadera atención y los meros pensamientos.

Desapego natural: a continuación, de manera no intencionada, se cultiva un desapego hacia lo irreal. Esto significa soltar los pensamien-

En la meditación no-dual interna, nos adentramos en un estado de conciencia donde la distinción entre el veedor y lo visto se disuelven completamente. Aquí, términos como "conciencia testigo" y "conocedor primario" se vuelven cruciales, guiando hacia una experiencia donde "Ser" y "Sí Mismo" convergen en una realidad unitaria. Este enfoque desobjetivado y despersonalizado permite que la conciencia se comprenda a sí misma, trascendiendo completamente las limitaciones del yo. A través de la meditación, el "presente continuo y estable" se manifiesta, revelando una verdad inmutable y profundamente liberadora.

tos y las inclinaciones voluntarias sin esfuerzo, permitiendo que la identificación con ellos se disuelva naturalmente. Estabilización de la conciencia: finalmente, sin la intervención de ningún esfuerzo personal, se estabiliza el control sobre la mente-ego. La atención consciente, imbuida de discernimiento, toma su lugar de manera orgánica. Esto permite que la atención plena y el conocimiento directo se manifiesten, reemplazando a la fluctuante actividad mental.

Este flujo hacia la estabilización de la conciencia representa la transición del estado de dualidad al reconocimiento de la no-dualidad, donde la mente y el ego son vistos como objetos de la conciencia, no su sujeto.

En la esencia de la práctica no-dual, se halla la paciencia, la expectativa y la curiosidad más que una búsqueda activa. Ya que el Sí Mismo, el núcleo de nuestra verdadera identidad, es precisamente lo que se busca, no hay necesidad de buscar fuera. Sosteniéndose sin acto volitivo en una espera serena, y en este estado de serenidad y conciencia plena, la revelación de la verdad ocurre espontáneamente. Aquí, en la quietud del momento presente, se despliega la esencia de lo que realmente somos.

En vez de enfocarse en un objeto específico de meditación o utilizar técnicas que perpetúan la dualidad entre el observador y lo observado como la respiración, la meditación no-dual se orienta hacia la disolución de esta división. Su meta es lograr un estado de conciencia pura, en el cual desaparece la diferencia entre el meditador y lo que se está experimentando. La práctica busca unificar al sujeto y su experiencia en una atención y conocimiento de totalidad.

De acuerdo con el Advaita, la conciencia observadora permea completamente todos los estados mentales, pudiendo resultar en percepciones equivocadas, subjetivas y engañosas (Maya). Sin embargo, estas causas subjetivas no están vinculadas a la conciencia, siendo esta no dual y ajena a ser la fuente de lo relativo. Lo Absoluto existe sin origen, en contraste con las nociones de causa y efecto, que se restringen exclusivamente a la esfera de lo relativo.

Imágenes que representan a Krishna y Arjuna en el Bhagavad Gita de manera abstracta, simbolizando la fusión del ser individual con la conciencia suprema, donde las fronteras entre ellos se disuelven. Esta representación busca capturar la esencia de la no-dualidad y la meditación no-dual, donde las distinciones entre el individuo y lo absoluto desaparecen. La conciencia suprema (Krishna) y el ser individual (Arjuna) son una sola realidad. A través de la autoindagación y la devoción, Arjuna aprende que el yo verdadero trasciende toda dualidad, alcanzando la unidad divina.

Esto nos conduce a experimentar la vida más allá de la identidad personal, trascendiendo la ilusión del yo separado. La práctica de la meditación nos guía hacia este "presente continuo y estable", donde el verdadero "Sí Mismo" se revela a sí mismo y por sí mismo en su plenitud.

En la esfera de la no-dualidad, se destacan tres perspectivas que, aunque aparentemente diferentes, convergen en la comprensión del "Ser" como la única realidad inmutable: una se centra en la claridad estructurada y la discriminación entre lo eterno y lo transitorio, facilitando una comprensión profunda del verdadero yo. Otra aboga por un enfoque directo y transformador, subrayando la trascendencia de la identidad personal. La tercera propone un camino liberado de convenciones, enfocándose en el autoconocimiento y la liberación de los condicionamientos para alcanzar una comprensión auténtica y profunda.

En la comprensión de la no-dualidad, se destaca la importancia del autoconocimiento y la percepción o vía directa. Al entender los procesos de la mente y trascender los condicionamientos y creencias, se puede percibir la unidad fundamental de la existencia. Esta perspectiva enfatiza la libertad personal en la búsqueda de la verdad, más allá de dogmas y doctrinas establecidas.

Imagen de un meditador sentado bajo un árbol cuyas raíces se funden con el paisaje para ilustrar la esencia de la meditación no-dual. La visualización refleja la interconexión entre el autoconocimiento y el conocimiento del universo, simbolizando la expansión de la conciencia más allá del yo individual. El árbol representa la vida y el crecimiento, mientras que las raíces arraigadas subrayan la conexión profunda con la realidad, mostrando cómo la meditación estabiliza al individuo en una comprensión más profunda. La imagen transmite serenidad y refuerza la idea de que al conocerse a uno mismo, es posible comprender el universo.

La no-dualidad se puede explorar mediante un enfoque que prioriza la libertad de los patrones, reglas y normas aprendidos que moldean nuestras percepciones, pensamientos y comportamientos psicológicos. Esta visión sugiere que al comprender los mecanismos de la mente y cuestionar nuestras creencias, se revela una realidad donde el individuo y el universo son inseparables. Resalta la importancia de descubrir la verdad por uno mismo, liberándose de estructuras y sistemas preestablecidos, lo que lleva a una experiencia más auténtica y profunda de la interconexión y unidad de todo lo existente.

"El conocedor se conoce

y a la vez conoce el universo" captura de manera efectiva la esencia de la meditación no-dual, reflejando la idea de que al conocerse a sí mismo, el meditador llega a comprender el universo en su totalidad. Esto sugiere una profunda interconexión entre el autoconocimiento y el conocimiento universal, un tema central en muchas tradiciones de meditación no-dual.

La integración en la meditación se refiere al proceso de armonizar los conocimientos y prácticas con la experiencia personal de meditar. Este proceso implica llevar las comprensiones teóricas, como la unidad del "Ser" y la naturaleza del "conocedor primario", a la práctica meditativa. Durante la meditación, se busca experimentar directamente estas enseñanzas, más allá del mero entendimiento intelectual.

En la integración, se enfoca en observar la mente y sus patrones desde un estado de "conciencia testigo", donde uno se vuelve un observador imparcial de sus propios pensamientos y emociones. Esto permite una comprensión más profunda de la naturaleza ilusoria del yo personal y la verdadera esencia del "Sí Mismo".

A veces, en la meditación, la mente se engaña pensando que está libre de pensamientos. Este fenómeno es habitual en las primeras etapas, pero realmente es solo otro producto del pensamiento, que interfiere con la auténtica práctica meditativa. La verdadera meditación debería estar exenta de interferencias, centrada exclusivamente en la atención y la conciencia del instante actual.

La meditación no se trata solo de alcanzar estados de calma o silencio mental, sino de profundizar en la experiencia directa de la no-dualidad, donde la distinción entre sujeto y objeto, meditador y meditación, se disuelve. En este estado, se experimenta una conexión profunda con todo lo que es, reconociendo la unidad y continuidad entre el yo individual y el universo.

Por lo tanto, la integración en la meditación es un camino hacia la realización espiritual, donde la teoría y la práctica se unen para revelar la verdad fundamental de nuestra existencia.

Durante la meditación, la manifestación de la conciencia ocurre en presencia de una tranquilidad profunda y silencio interior, aunque sea momentáneo. Si no se experimenta así, es posible que solo estés comprendiendo lo relativo y dual a través del intelecto, lo que puede tergiversar la verdadera Realidad.

Además, la verdadera integración en la meditación no-dual se centra en que el conocedor se reconozca a sí mismo. En este proceso, la atención se dirige hacia el interior, permitiendo que la mente observe su propia naturaleza.

La clave consiste en que la conciencia se vuelve su propio objeto de observación. Esta autoatención referencial (permite la observación directa de la naturaleza de la conciencia) facilita el reconocimiento del "conocedor" como algo distinto de los fenómenos fluctuantes de la mente. La práctica implica atender con la atención cómo la misma atención opera, llevando a una comprensión más profunda de la unidad y continuidad del "Ser", más allá de la dualidad.

La práctica de la meditación no-dual se ofrece como una ruta más directa y breve, pues su inicio y finalización ocurren dentro de la propia conciencia. El proceso implica explorar la naturaleza de la conciencia usando sus propias habilidades innatas. Es un acto de la conciencia auto-reconociéndose, donde el conocedor se descubre a sí mismo de manera autónoma, y la atención se enfoca en sí misma. Por lo tanto, meditar es realmente el acto de la conciencia siendo consciente de su propia existencia.

Esta imagen nos invita a sumergirnos en la esencia de la meditación
no-dual a través de una evocadora imagen de un meditador en perfecta
armonía con el cosmos. Aquí, el conocedor no solo se observa a sí
mismo, sino que se funde con el infinito, reflejando la interconexión
entre el ser interior y el universo exterior. La meditación no se presenta
como un acto de observación, sino como una experiencia de unificación,
donde los límites entre el observador y lo observado se disuelven.
La imagen captura este estado sublime, guiándonos hacia la comprensión
de que conocerse a uno mismo es conocer el universo, una revelación
de la verdadera no-dualidad.

Explorando la no-dualidad a través de la meditación interna

En la filosofía Advaita, la expresión sánscrita "(neti, neti)", que se traduce como "ni esto, ni aquello", se utiliza como un método de negación para alcanzar una comprensión de la realidad última, Brahman. La verdad suprema trasciende la comprensión y va más allá de todas las clasificaciones y descripciones. La práctica de "(neti, neti)" sirve para eliminar todo aquello que no sea la esencia ultima de la existencia, dado que no se le puede definir de manera afirmativa. Este enfoque ayuda a los buscadores a darse cuenta de que el SER o el SI MISMO no es un objeto concreto del mundo fenomenal, tal como el cuerpo, la mente, cualquier idea o cualquier objeto del mundo objetivo.

La convicción profundamente inculcada en nuestro ser, que sostiene que podemos actuar para obtener la liberación, se deriva en gran medida del entorno en el que residimos, afianzándose en lo más recóndito de nuestra psicología. Esto engendra un enredo de malentendidos respecto a nosotros mismos, la existencia y el mundo circundante. Los métodos de meditación deben orientarnos hacia una percepción nítida y pura, permitiéndonos desmentir creencias erróneas sobre la conciencia; representan un instrumento eficaz en la lucha contra la ignorancia

La práctica no-dual debiera considerarse una actitud de expectativa, más que una indagación activa, dado que Tú (el Sí Mismo)

ya encarnas todo lo que se anhela encontrar. La atención, por su propia naturaleza, permanece en el instante actual, aguardando su propia manifestación. En esta espera y rendimiento paciente y consciente, lo buscado se desvela por sí mismo, sin la necesidad de una búsqueda exterior.

Priorizar constantemente el acto de "tomar conciencia" a la espera, arraigado en el instante actual, conduce gradualmente a la manifestación del observador interno (Atman) en breves intervalos. Con el paso del tiempo, lo Infinito se unirá consigo mismo. Este proceso de "conciencia-atenta y sostenida por si sola en el momento presente" actúa como la esencia detrás de toda manifestación objetiva y acto volitivo, un aspecto esencial que no debe ser olvidado y que se revelará de forma autónoma.

Experimentar la meditación desprovista de atributos, cualidades o símbolos exige únicamente una vivencia de comprensión directa que brote de la conciencia misma. Cualquier elemento originado en el yo, el ego o la mente son innecesarios y actúan como obstáculos para la expresión pura de la conciencia, constituyendo un tapón que impide el flujo libre y auténtico de la atención y conocimiento que son expresiones o manifestaciones de la misma conciencia.

Imagen del Shivalingam, un símbolo del infinito y lo absoluto en la tradición hindú. Esta representación refleja la unidad indivisible de la creación, vinculada a la no-dualidad, donde los opuestos se disuelven en la totalidad de la existencia. El Shivalingam, representa la energía infinita y la creación indivisible. Asociado con el dios Shiva, encarna la unidad de todos los opuestos. En la no-dualidad, refleja la integración de lo absoluto y lo manifestado, sin separación.

En la no-dualidad, lo Absoluto y lo relativo no son entidades separadas porque representan dos aspectos de una misma realidad. Lo Absoluto es la base inmutable y omnipresente, mientras que lo relativo es su manifestación fenoménica y temporal. Son inseparables, como dos caras de una moneda, donde lo relativo surge y se percibe dentro de lo Absoluto.

No se pueden considerar separados porque lo relativo no existe fuera de lo Absoluto; es simplemente su expresión en el tiempo y el espacio, manifestando la unidad subyacente en toda diversidad.

La no-dualidad se distingue de otros tipos de prácticas meditativas por no enfocarse en elementos como pensamientos, visualizaciones, sonidos o sensaciones corporales. En vez de limitarse a ser un observador pasivo de la mente o el cuerpo, creando así una dualidad entre quien observa y lo observado, esta práctica aspira a ir más allá de ser meramente un testigo. Su finalidad es centrar la atención en la propia atención interna o en la conciencia en su estado activo, sin perseguir un propósito definido.

"Sat-Chit-Ananda" en Advaita Vedanta simboliza la esencia de la realidad o la experiencia no dual. "Sat" implica que la realidad es pura existencia, donde todo es una manifestación del Ser supremo. "Chit" denota que esta realidad es consciente, una conciencia omnipresente experimentada individualmente por cada ser humano. "Ananda" refleja que la realidad es intrínsecamente gozosa, una felicidad que emana de la esencia misma. Juntos, representan la realidad como una existencia consciente y dichosa, integrando al individuo con lo absoluto.

Esta trinidad refleja una unidad donde no hay separación entre el individuo y lo absoluto. Alcanzar esta comprensión a través de la Verdadera Meditación revela la atención, el conocimiento y la felicidad como atributos inherentes de la propia conciencia.

No se trata de que la atención-conocimiento aumente o evolucione como una bola de nieve; más bien, está siempre posee el mismo nivel de desarrollo. Lo que realmente ocurre es que se hace paso por sí misma, liberándose del yo mental y de otros condicionamientos superficiales que oscurecen su expresión auténtica. Este proceso culmina cuando la atención se enfoca en sí misma o el conocedor se auto-reconoce, desvelando así al auténtico observador (Atman).

Esta imagen simboliza la conciencia-testigo como un espejo, ilustrando cómo las múltiples actividades humanas y naturales son solo reflejos pasajeros ante una conciencia inmutable y omnipresente. En el centro, la figura humana representa el núcleo de esta conciencia, que observa el mundo sin juicio, permitiendo que los acontecimientos externos, desde el movimiento de vehículos hasta las interacciones humanas, se reflejen sin alterar su esencia. La imagen combina diversos elementos visuales, mostrando cómo, a pesar de la aparente diversidad y dinamismo del mundo material, todo es absorbido por la conciencia, que permanece inalterada. Al igual que un espejo refleja sin aferrarse a las imágenes, la conciencia-testigo observa pensamientos y percepciones sin verse afectada por ellos. El texto subraya que la conciencia no es un producto de la mente, sino que la trasciende, envolviendo toda la existencia en una unidad continua.

La conciencia-testigo funciona de manera similar a un espejo, capturando reflexiones de pensamientos y conceptos, pero manteniéndose distante y no involucrándose directamente con ellos. Los pensamientos surgen y desaparecen, como olas en el océano, pero la conciencia, en su naturaleza esencial, es una constante inalterable. Contrario a la noción de que la mente es la portadora de la conciencia, en realidad, es la conciencia la que abarca y envuelve al cuerpo, la mente y todo el universo. Esta conciencia es omnipresente, inmutable ante el flujo y reflujo de los pensamientos, ya sean efímeros o persistentes.

La conciencia-testigo actúa como el fundamento o la esencia primordial de toda experiencia, subyaciendo y dando forma a la realidad tal como la percibimos. En su presencia eterna, la conciencia no solo testimonia sino que también otorga sentido y coherencia a la experiencia humana, estableciéndose como la base sobre la cual se construyen y desvanecen los pensamientos y percepciones.

Dentro de la práctica de la meditación no-dual, las nociones de espacio y tiempo se desvanecen. En su lugar, emergen una conciencia y una atención sin límites, perpetuamente presentes en un ahora continuo e infinito. En tal estado, solo persiste una conciencia unificada y sin fragmentos.

Resulta esencial hacer una distinción entre el conocimiento que emerge de la conciencia y el conocimiento mental común, que se apoya en la memoria y en la noción de dualidad. El conocimiento procedente de la conciencia es autónomo y se sostiene por sí mismo; no requiere de la secuencia temporal del pasado o el futuro para su existencia.

En un enfoque tradicional de la meditación, se podría pensar que existe un "meditador" que lleva a cabo la acción de meditar. No obstante, desde la perspectiva de la no-dualidad, se cuestiona esta idea, sugiriendo que, en verdad, no existe un "yo" distinto que medite. En su lugar, se plantea que existe un campo abierto de conciencia inalterada o impera un amplio espacio de atención y conocimiento no cambiante, en el cual se despliegan todas las experiencias, incluyendo la propia práctica meditativa.

En esta técnica, el entendimiento de lo que es verdadero y falso actúa como una guía, ayudando a diferenciar lo verdadero de lo ilusorio. En este contexto, uno no es simplemente un observador o conocedor pasivo; en realidad, siempre ha sido la fuente primordial de la atención y el conocimiento no dual. Por esta razón, la tradición no-dual aconseja no enfocar la atención meditativa en aspectos transitorios, sino más bien en la permanencia de la conciencia en sí, no hacia elementos efímeros como se hace en mindfulness, sino hacia la constancia de la conciencia misma.

Ser resuelto y audaz significa aceptar que la conciencia posee un conocimiento intrínseco, auténtico, inmediato y real, que únicamente puede ser empleado por ella misma. Este conocimiento representa tu esencia verdadera y puede ser aplicado tanto para el conocimiento de uno mismo como para la comprensión absoluta y universal.

Al centrarse la atención en sí misma, es como si la conciencia girara en torno a su propio eje, descubriéndose a sí misma. Es como si el "conocimiento-atención" orbitara alrededor de la propia atención,

Imagen de David Bohm conversando con Krishnamurti, en un entorno calmado y enfocado en su interacción. La imagen refleja la profundidad intelectual de sus diálogos sobre la naturaleza del universo, la conciencia y la no-dualidad. David Bohm, físico y filósofo, desarrolló una teoría holográfica del universo que desafía la visión tradicional de la dualidad entre mente y materia. Según Bohm, el universo no está compuesto de sustancias separadas, sino que mente y materia son aspectos de una misma realidad indivisible, a la que llamó el "orden implicado". En sus diálogos con Krishnamurti, Bohm exploró la idea de que la separación es ilusoria, una proyección de la mente condicionada. Ambos caminos invitan a una comprensión profunda de la interconexión de todo, rompiendo las barreras del pensamiento dualista. La teoría de David Bohm está profundamente relacionada con la física cuántica. Esta visión de la interconexión total del universo tiene paralelismos con ideas filosóficas de la no-dualidad, donde mente y materia, observador y observado, no son entidades separadas sino aspectos de una misma realidad fundamental. Las conversaciones entre Bohm y Krishnamurti exploraron esta relación entre la ciencia cuántica y las ideas espirituales no-dualistas.

manteniéndose fiel a su naturaleza y sin ninguna intervención personal o acción voluntaria. La conciencia se reconoce a sí misma y entiende que ella es el sujeto de su propio conocimiento; esto constituye la verdadera conciencia, en forma de conocimiento íntegro. Cualquier cosa ajena a la conciencia simplemente se desvanece.

En la práctica de la verdadera meditación no-dual, la conciencia se expande para reconocer su propia naturaleza y su interconexión con todo lo demás en el universo, trascendiendo las limitaciones de la dualidad perceptual. Esto implica que la atención no solo se enfoca en sí misma o el conocedor se reconoce, sino que también abarca todo lo demás simultáneamente. Es un estado de plena conciencia donde la percepción se expande para abarcar la totalidad de la experiencia presente interna y externamente.

Este enfoque se centra en la libertad interior y la eliminación de la dualidad entre el observador y lo observado o el observador y lo observado se entrelazan en una danza eterna, describe la práctica de la meditación no-dual en términos de expansión espacial de la conciencia y reconocimiento de la relación o interconexión universal. La "expansión espacial" se refiere a una expansión de la conciencia, una comprensión más universal y holística de la existencia, trascendiendo la limitación dual, experimentando una mayor unidad con todo lo que es.

La manifestación de la Conciencia Universal sigue una secuencia de etapas jerárquicamente estructuradas, tal como se describe en las enseñanzas orientales no dualistas. Estas fases comienzan con un estado donde prevalecen las cualidades, nombres y formas (satvikalpa samadhi); seguido por un nivel más elevado y trascendente, libre de atributos, o un estado de unión con el Absoluto no-dual (nirvikalpa samadhi); luego, un estado natural exento de características y atributos (sahaja samadhi); y, finalmente, un estado supremo de conciencia no dual (turiya). Este último es el pico del recorrido espiritual, la fusión con el Absoluto no dual, conocido como Brahman

Libérate de todo aquello que perturba la tranquilidad de tu mente. Abandona lo que altera tu serenidad. Si aspiras a la paz, el amor, la compasión o la felicidad, debes ganártelos, y para ello es necesario esforzarse. La meditación no es para los perezosos; si se desean resultados, es imprescindible practicar la meditación de continuo.

La imagen presenta a una joven inmersa en una práctica meditativa interna, reflejando los principios de la no-dualidad. Se encuentra en un ambiente tranquilo y sereno, lo que aporta un aire de paz profunda. Sus ojos están cerrados, lo que simboliza su concentración y desconexión del mundo exterior, enfocándose completamente en la esencia de su conciencia interna. La postura simple y relajada, subraya la facilidad y la naturalidad de su práctica meditativa. Esta representación visual encapsula la idea de que, en la meditación no-dual, el conocedor (la meditadora) se descubre a sí mismo y, al mismo tiempo, se conecta intrínsecamente con el cosmos, experimentando una unidad y armonía con todo lo existente.

Profundizando en la meditación no-dual interna

Esta presencia se descubre al observar los objetos del mundo sin asignarles etiquetas o conceptos, o incluso al enfocar la atención en sí misma. En tales instantes internos, predominan únicamente la atención y el conocimiento, erigiéndose como pilares fundamentales de la conciencia testigo. Este fenómeno emerge de la naturaleza perpetuamente activa de la conciencia, la cual permanece omnipresente, independientemente de la presencia o ausencia de pensamientos.

Es la conciencia la que sostiene una presencia constante y esencial, actuando como el único elemento persistente en el vasto escenario de nuestra experiencia. Tal entendimiento profundiza el significado de nuestra existencia, subrayando que, más allá de las fluctuaciones mentales y la diversidad fenoménica, yace una base de unidad y continuidad inalterable que define la trama de nuestra realidad.

Para que la práctica de la meditación no-dual evolucione de manera auténtica y profunda, es imprescindible que se manifiesten dos aspectos fundamentales que es preciso repetir para que no se olviden:

Primero, la atención debe volverse hacia su propia esencia; es decir, la conciencia primordial debe descubrirse a sí misma, o el observador debe observarse, estableciendo una escena donde es el único protagonista, sin la presencia de otros.

Segundo, una vez que la conciencia-testigo se halla en solitario en su actuar, fruto de este auto-reconocimiento, y excluyendo la presencia de otros, al mismo tiempo que se observa y comprende a sí misma, extiende su percepción y comprensión hacia todo lo que la envuelve, partiendo del instante presente. Esto implica que el conocedor no solo se descubre a sí mismo sino que también percibe, entiende y conoce la totalidad del cosmos con el que se encuentra intrínsecamente conectado.

Este mensaje profundiza en la experiencia de la meditación no-dual, destacando que el practicante no solo alcanza una comprensión de sí mismo sino que también se fusiona con la totalidad del universo. Revela una conexión intrínseca con la esencia del cosmos, donde el conocedor y lo conocido se convierten en uno. Esta unión trasciende la percepción ordinaria, llevando al meditador a una vivencia de unión y armonía con el todo. Este proceso no solo es cognitivo, sino una experiencia directa y transformadora, reflejando la interconexión de todo lo existente.

Esta reformulación busca capturar la atención de aquellos profundamente inmersos en el estudio y práctica de la meditación no-dual, enfatizando la transformación interna y la interconexión con el todo.

Este estado verdaderamente no-dual surge no de

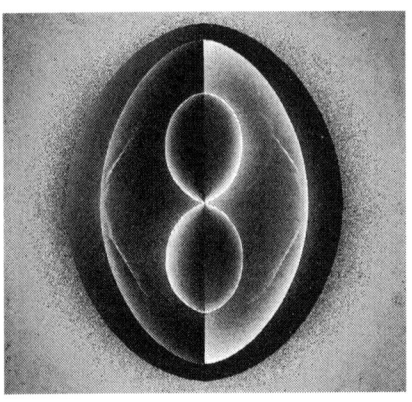

Imagen de la **Mandorla**, que aparece tanto en el budismo como en el cristianismo. La forma elíptica, simbolizando la unión de opuestos como el cielo y la tierra o el espíritu y la materia, está relacionada con la no-dualidad. En el centro, donde los opuestos se encuentran, se disuelve la dualidad, evocando el estado meditativo no-dual. La meditación no-dual permite al practicante trascender la separación entre el yo y el universo, experimentando una profunda fusión con la totalidad. En este estado, el conocedor y lo conocido se disuelven en una unidad indivisible, revelando una conexión directa con la esencia cósmica, transformando la percepción y el ser.

factores externos, sino de la constante expresión de la conciencia en la meditación interna y que luego se expresa a través de la práctica externa. Esta se experimenta al observar el mundo objetivo sin añadir narrativas mentales, manteniendo una mente serena. En tales instantes, la conciencia opera libre de distracciones, emergiendo como el elemento central en la actividad.

Alcanzar este nivel a través de la práctica es esencial, mientras que todo lo demás permanece en el ámbito teórico.

La distinción fundamental entre percibir el mundo y sus elementos de forma dual y de manera no-dual radica en la transformación que requiere innumerables horas de práctica constante. Este esfuerzo sostenido es crucial para lograr la estabilización de una atención auténtica y un conocimiento real y profundo de las cosas. Solo a través de esta dedicación continua se puede transitar del enfoque dual al no-dual en nuestra percepción del mundo y de todo lo que nos rodea.

Evita caer en el error de creer que la conciencia, en su forma de atención y conocimiento, aparecerá a tu antojo; este es un malentendido frecuente. La conciencia obedece a sus propias normas y se manifiesta de manera independiente, a menudo en momentos en los que tú "no estás" presente. Elude lo conocido a nivel personal y solo se hace evidente en determinadas situaciones, las cuales estamos analizando en este libro. No obstante, para la mayoría de las personas, la conciencia continúa siendo un enigma secreto y oculto.

Resulta crucial mantenerse atento cuando emergen los pensamientos. Estos tienen el potencial de obstruir la atención, o bien, la atención puede percatarse de ellos si se mantiene firme en el instante presente; no existe otra alternativa. La clave reside en la firmeza de tu atención-conocimiento. Reconocer el nivel de atención que has alcanzado es una de las vivencias más significativas para evaluar tu capacidad en este ámbito.

Quisiera recalcar que a menudo nos cuestionamos cuál es el principal indicador en la meditación no-dual que nos guíe para saber si estamos practicándola correctamente o no, o cuál señal nos indica el nivel de evolución que hemos logrado, cómo identificamos esto. Creo que la medida para evaluarlo radica en la habilidad de sostener la atención y el conocimiento enfocados en el instante presente, sin juzgar. Y además, darse cuenta cuando los pensamientos surgen y la atención permanece.

Una señal adicional que puede validar si tu práctica meditativa está progresando adecuadamente es la capacidad de la atención para darse cuenta, de manera autónoma, de los instantes en los que se desvía o cuando retorna espontáneamente al momento actual. Esta autoconciencia de la atención, que identifica sus propios lapsos o su reaparición en el presente, es un indicador claro de un avance significativo en tu meditación.

La habilidad de la atención-conocimiento para observarse a sí misma cuando se está o no se está practicando, tanto en momentos de distracción como de enfoque, refleja un nivel de conciencia elevado y una profunda comprensión de la naturaleza de la meditación.

Esta facultad de autorreflexión, independientemente de si se está meditando activamente o no, se convierte en uno de los indicadores más importantes para evaluar el progreso de tu práctica meditativa no-dual, donde el conocedor se reconoce.

En la metafísica Advaita, distintos términos describen variados aspectos de la conciencia. Por ejemplo, el sakshi representa la conciencia testigo activa durante la concentración, presente en cada individuo como su esencia de consciencia personal. Por otro lado, el Atman simboliza la esencia universal, paralela al Brahman, que es la Conciencia Universal. Respecto al jiva, se refiere a la entidad viviente, mientras que el jivatman es la manifestación individual del ser o la universalidad encarnada. Finalmente, el jivanmukta denota a una persona que ha logrado la liberación espiritual. Estos conceptos, cada uno enfocando un ángulo diferente de la conciencia, juegan un papel crucial en la comprensión de la naturaleza y el alcance de la conciencia en la filosofía Advaita.

Turiya es el cuarto estado de conciencia en el Advaita Vedanta, más allá de la vigilia, el sueño y el sueño profundo. Representa la

La transición hacia el estado de turiya (cuarto estado de conciencia que
trasciende los tres estados comunes: la vigilia, el sueño con ensueños,
y el sueño profundo sin sueños) no solo implica entender teóricamente
la unión del principio vital individual y el universal; también exige una
práctica sostenida y vivencias directas. Muchos comienzan este periplo
espiritual, pero solo unos pocos perseveran. Los que verdaderamente
persisten durante años alcanzan un entendimiento completo y hallan paz,
sin buscar más allá de la auténtica comprensión de la realidad última.

liberación espiritual más elevada, donde se experimenta una conciencia pura y sin limitaciones, trascendiendo la dualidad y alcanzando
la unidad con la realidad última.

Aquellos que alcanzan el estado de meditación no dual se transforman en guías luminosos para los demás. Esta vivencia suele surgir inesperadamente, especialmente bajo circunstancias propicias, y marca profundamente al individuo. Aunque breve, esta revelación de la Realidad supera cualquier comprensión mental, corporal o material. Eventualmente, la conciencia-testigo se autorrealiza, y estos estados emergen con mayor frecuencia y se consolidan.

Este estado se revela, sorprendentemente, en condiciones óptimas, impactando significativamente en quien lo vive. Este destello de la Realidad, aunque al principio fugaz, va más allá de lo que mente, cuerpo y mundo tangible pueden entender. Con el tiempo, se logra la auto-realización de la conciencia testigo, permitiendo que estos estados se m anifiesten y estabilicen más asiduamente.

Esta imagen destaca que la meditación no requiere de condiciones
especiales ni entornos aislados, sino que puede practicarse en cualquier
lugar, incluso en casa, sin accesorios ni preparativos. Esta perspectiva
democratiza la meditación, haciéndola accesible para todos, sin importar
su situación. La meditación no-dual propone dirigir la atención hacia
el interior desde el inicio, permitiendo que se expanda hacia una mayor
percepción de la conciencia. El proceso es fluido y sin esfuerzo, donde el
"explorador" desaparece y la atención opera de manera autónoma.
Este enfoque facilita la calma mental y permite la práctica en cualquier
momento y lugar, subrayando que la clave está en la voluntad
y constancia, más que en el entorno o herramientas externas.

El sendero interno de la meditación no-dual

La constante repetición contribuye a que la conciencia permanezca por períodos cada vez más prolongados en su verdadero espacio (el presente), y este efecto se intensifica si la práctica se realiza tanto interna como externamente. La práctica continua y aplicada facilita el despliegue de la conciencia, simplificando la tarea de observar lo que ocurre en tu mente y en el entorno externo sin emitir juicios. Respecto a los pensamientos no deseados, estos empezarán irán en uno, dejando de ser entidades separadas y ocultas.

La meditación no se basa en un esfuerzo voluntario, sino en un proceso donde el "explorador" se disuelve, facilitando que la atención se mueva y funcione de manera autónoma. En este nivel, las técnicas tradicionales de concentración pierden su importancia. La atención, por su naturaleza intrínseca, conoce su propio camino y dirección. En un ambiente de silencio, calma y vigilancia, la atención se descubre a sí misma, manifestándose en una unidad integrada.

La esencia de ciertas enseñanzas espirituales resalta la vitalidad de la autoconciencia y el descubrimiento de la verdadera esencia del ser. Se considera que el núcleo de la práctica espiritual radica en la comprensión del "yo" más íntimo o el ser en su estado más puro. A través de la introspección y la autoobservación, se llega a entender que la percepción de una identidad individual es una ilusión, revelando que la auténtica naturaleza del ser es de carácter universal y trasciende la dualidad.

En la práctica interna, la atención se orienta espontáneamente hacia adentro, inicialmente hacia su origen o fuente. Con la habilidad y conocimiento y mayor experiencia, esta atención se extiende en todas las direcciones, tanto interna como externa, abarcando la conciencia universal. La conciencia se vuelve consciente de todo, y este estado representa la verdadera meditación no dual.

Es decir, en la meditación no dual, la atención comienza su viaje hacia el interior, centrándose en su fuente u origen. Este es solo el inicio del proceso meditativo interno. A medida que se profundiza en la práctica y se acumula experiencia, esta atención interna se expande, trascendiendo los límites del yo individual para abrazar la conciencia universal. En este estado avanzado, la conciencia se vuelve plenamente consciente de todo, tanto del mundo interior como del exterior, alcanzando así la esencia de la verdadera meditación no dual.

La atención inicialmente se autoobserva, enfocándose en su propia naturaleza interna. Gradualmente, esta autoconciencia se transforma, expandiéndose hacia una percepción más amplia que abarca tanto aspectos internos como externos. Este proceso evolutivo de la atención desde lo introspectivo a una comprensión holística refleja la transición de una conciencia limitada a una percepción universal e integradora.

Al profundizar en la meditación y la autoindagación, uno llega a la realización de que no hay separación entre el observador y lo observado, y que todo es una expresión del ser único. Así, la percepción se expande desde una autoconciencia limitada a una comprensión universal, donde la dualidad entre el yo interno y el mundo externo se disuelve, revelando una realidad unitaria e indivisible.

Alcanzar un estado de calma mental, hasta el punto en que parece que nadie está meditando, es un desafío importante, pero esencial para avanzar. Una vez que se eliminan todas las cualidades particulares, la 'conciencia-testigo' aparece como el estado subyacente que siempre ha existido de manera latente. La meditación se desarrolla de forma natural y no necesita ser buscada activamente. En este estado, la imagen del 'buscador' desaparece.

Es fundamental entender que solo el testigo-perceptor tiene la capacidad de percibirse a sí mismo. Sin embargo, este testigo también tiene la facultad de observar otros elementos como la mente, los sentidos, el cuerpo y el entorno material. Por lo tanto, la atención en este estado se caracteriza por ser constante, firme y de naturaleza universal, emanando de sí misma.

La conciencia-testigo es inaprehensible o inobjetivable, ya que uno mismo es esa conciencia y todo lo que abarca. De manera similar a cómo el mar y sus olas constituyen una sola entidad, en la práctica basta con dejar que la conciencia se manifieste por sí misma. En este proceso, no interviene 'nadie', ya que la dualidad entre el actor y la acción se ha disuelto, fusionándose en una unidad donde la distinción entre sujeto y objeto ya no existe.

La meditación no-dual interna, culmina en la realización de que el ser individual y lo Absoluto son uno. Esta práctica conduce al despertar de una conciencia que trasciende la dualidad, reconociendo la unidad inherente de todo. En

Esta imagen simboliza la importancia de evitar posturas incómodas o forzadas durante la meditación no-dual, ya que estas pueden distraer la atención y convertirse en obstáculos para la verdadera interiorización. La esencia de la meditación no-dual es disolver la separación entre el sujeto y el objeto, y cualquier tensión física impide este proceso al mantener la mente fija en el cuerpo. Se destaca que la meditación es una práctica flexible, que puede realizarse en cualquier lugar y momento sin necesidad de adoptar posturas llamativas. Esta adaptabilidad facilita la integración de la meditación en la vida cotidiana, permitiendo alcanzar la serenidad y el autoconocimiento sin complicaciones. Lo fundamental es encontrar una posición cómoda, donde el cuerpo no interfiera, para que la mente pueda liberarse de las percepciones dualistas.

este estado, las distinciones entre el yo y el universo se disuelven, revelando una paz y una comprensión profundas. Es un viaje hacia la verdadera naturaleza del ser, un retorno a la simplicidad esencial de la existencia.

En la enseñanza no-dual, se postula que tanto el testigo que testifica como el testigo atestiguado son en realidad manifestaciones de una sola y misma conciencia fundamental, que es el Ser o Brahman. Este Ser no es un testigo en el sentido convencional, ya que no hay nada fuera de Él para ser testificado. En lugar de ser un agente activo de testificación, el Ser es la presencia pura y sin cambios en la que todas las experiencias aparecen y desaparecen.

En esta comprensión, la conciencia no es ni el sujeto ni el objeto de la experiencia, sino la realidad subyacente en la que la dualidad sujeto-objeto se manifiesta y se resuelve. El Ser, es la única realidad última, inmutable y eterna, más allá de la división entre el testigo y lo atestiguado. La realización espiritual en la no-dualidad implica el reconocimiento de esta verdad, donde la identificación con el testigo personal se disuelve en la comprensión de que uno es, y siempre ha sido, el Ser infinito y sin forma.

Esto significa que en la perspectiva no-dual, la distinción entre el testigo que testifica y el propio testigo atestiguado o presenciado se disuelve en la comprensión de que la verdadera conciencia, el Ser supremo, es fundamentalmente no-dual, no dos.

No existe una dualidad en la acción entre la persona y el presenciador o el observador. Cuando se reconocen como uno, y este observador trasciende la dicotomía objeto-sujeto, te encontrarás en el estado de conciencia pura. Esta conciencia no puede ser percibida, ya que es lo que hace posible la percepción misma. Está más allá tanto del observador como de lo observado. No es el espejo ni la imagen reflejada en él. Es la pura conciencia-testigo, la realidad intemporal, extraordinariamente firme y constante mientras se manifieste.

Merece la pena volver a exponer el ejemplo del espejo y la imagen reflejada para comprender mejor como opera la conciencia-testigo, es una poderosa metáfora utilizada en la enseñanza de la no-dualidad para ilustrar la relación entre la conciencia y la experiencia fenoménica.

Imagina un espejo perfectamente claro: no importa lo que se refleje en él, el espejo mismo permanece inalterado, puro e inmaculado por las imágenes que aparecen en su superficie. De la misma manera, en la tradición no-dual, la conciencia es como ese espejo. Las experiencias —todo lo que percibimos, sentimos y pensamos— son como las imágenes que aparecen en el espejo. Cambian constantemente, vienen y van, pero la conciencia que permite esas percepciones es constante y no cambia. No es afectada por lo que aparece en ella, al igual que un espejo no es alterado por las imágenes que refleja.

La no-dualidad subraya que esta conciencia no es algo separado ni del observador ni de lo

Imagen de un maestro antiguo enseñando la no-dualidad en un bosque, rodeado por sus alumnos, con un ambiente sereno y natural que evoca la sabiduría de los antiguos tiempos. En la antigüedad, los maestros del yoga vivían en bosques y transmitían oralmente enseñanzas como las del **Bhagavad Gita**, guiando a sus discípulos hacia la comprensión de la no-dualidad. Este texto expone tres caminos: **Jnana Yoga** (conocimiento), **Karma Yoga** (acción desinteresada) y **Bhakti Yoga** (devoción), que, aunque distintos, conducen a la unidad con lo divino. **Jnana** revela que el ser individual y el absoluto son uno; **Karma** muestra que no hay separación entre acción y resultado; **Bhakti** disuelve la distancia entre el devoto y lo adorado. En conjunto, estos yogas llevan al entendimiento de la realidad no-dual.

observado; no es el espejo ni la imagen, sino la capacidad subyacente para cualquier percepción. Cuando reconocemos que el observador (el yo que cree experimentar) y lo observado (el mundo externo y los fenómenos internos) son manifestaciones de la misma realidad fundamental, comenzamos a entender la verdadera naturaleza de la conciencia. Es la pura "conciencia-testigo", siempre presente y eternamente firme, la base inmutable sobre la cual todo lo demás es percibido.

Este entendimiento lleva a una trascendencia de la dualidad sujeto-objeto, donde no hay distinción entre el yo y el mundo, el observador y lo observado. Es un estado de ser en el que se experimenta la unidad absoluta de toda existencia, un campo unificado de pura conciencia, libre de división y separación.

Cuando te percibes como una persona con una mente propia, tiendes a ver personas y pensamientos por doquier. Pero en realidad, no existen personas como tales, sino solo revestimientos de recuerdos y hábitos arraigados en la memoria.

Durante la práctica de la meditación no-dual, y a lo largo de su duración, la noción de ser una persona, junto con todo lo demás, se disipa. Lo que persiste es la verdadera identidad: la conciencia-atención-conocimiento pura. Sin embargo, esta auténtica identidad no es una persona; es más bien un rasgo característico a la realidad misma. La persona, como tal, no posee existencia independiente; simplemente refleja la conciencia en forma de atención y conocimiento dentro de la mente del perceptor, que es, en cierto sentido, una manifestación contenida dentro de la misma conciencia.

Resumen: la meditación no-dual interna.

Este capítulo explora la meditación no-dual y cómo el conocedor, al sumergirse en la conciencia pura, trasciende la dualidad entre el "yo" individual y el universo. La conciencia no dual, siempre presente, se revela cuando la mente se aquieta, permitiendo que se disuelvan las ilusiones y apegos del ego. La práctica no se trata de alcanzar o producir conciencia, sino de despejar los obstáculos que impiden el reconocimiento de la unidad inherente entre el ser y el cosmos.

La meditación no-dual interna se basa en el principio de que la conciencia pura se manifiesta cuando el conocedor se auto-reconoce. En este proceso, el meditador diferencia entre lo real (la conciencia) y lo irreal (pensamientos y distracciones), permitiendo que la atención se estabilice en el presente. El desapego ocurre de manera natural, y la conciencia se convierte en el testigo que observa sin identificarse con los fenómenos mentales.

La meditación no-dual es un proceso en el que se disuelven todas las barreras, es una práctica de campo abierto. Al eliminar las proyecciones mentales, el meditador entra en un estado de atención pura, donde la realidad se percibe tal como es, sin juicios ni conceptos. Este proceso revela una unión profunda entre el ser individual y el universo, ya que ambos son manifestaciones de la misma conciencia.

La conciencia se expande para abarcar tanto el mundo interno como externo. En esta fase, el meditador se vuelve consciente de su unidad con el cosmos, eliminando cualquier distinción entre el "yo" y el universo. Esta expansión es una manifestación directa de la conciencia universal, que trasciende las limitaciones del ego.

El objetivo final de la meditación no-dual es la auto-realización, donde el conocedor y lo conocido se reconocen como uno. La conciencia se auto-reconoce y, en este proceso, se expande para integrar todo lo que existe.

La imagen muestra a una persona meditando en una postura de loto, frente a una vela encendida, simbolizando una práctica de Trataka, que es una forma de meditación en un punto fijo, comúnmente utilizado en el yoga para mejorar la concentración y la meditación no dual. Esta técnica no solo fomenta la estabilidad de la mente, sino que también busca disolver las barreras entre el observador y lo observado, facilitando un estado de unidad con el todo. En este tipo de meditación, la fijación prolongada en la vela permite que la mente se serene y que las distracciones se desvanezcan, cultivando una experiencia de paz y claridad.

Fundamentos de la meditación no-dual externa

Cada uno de estos textos aborda diferentes aspectos y contextos de la práctica externa en la meditación no-dual, con el objetivo de ofrecer una comprensión más amplia y variada sobre cómo integrar esta práctica en diversos entornos y situaciones de la vida diaria. Estos enfoques ayudan a enfatizar la omnipresencia de la conciencia-testigo no-dual y su aplicabilidad en todos los aspectos de la existencia cotidiana.

La meditación no-dual externa nos invita a expandir nuestra atención más allá del yo interno, hacia el mundo exterior, reconociendo la unidad subyacente en todo lo que percibimos. Esta práctica trasciende la dualidad entre el sujeto y el objeto, revelando la verdadera naturaleza de la conciencia indivisible que impregna tanto al perceptor como a lo percibido.

La comprensión de que no existe evidencia sólida de que el universo exista independientemente de la conciencia que de él tenemos los seres sintientes, lo podemos experimentar en la práctica meditativa. El mundo y los seres que lo perciben son, en esencia, idénticos. Esto significa que no hay una separación real entre el observador y lo observado; ambos emergen de la misma fuente indivisible de conciencia. Por tanto, cualquier percepción de dualidad entre el sujeto y el objeto es simplemente una ilusión, reconocer esta verdad es descubrir que nuestro verdadero ser es esa conciencia universal, sin divisiones ni distinciones.

Al meditar, nos damos cuenta de que no hay una distinción clara entre el observador (nosotros) y lo observado (el mundo externo). Esta práctica nos lleva a entender que tanto el mundo como nuestra percepción de él son manifestaciones de la misma conciencia. Esta comprensión no solo es un concepto filosófico; se experimenta directamente como una realidad en la que la dualidad se desvanece, mostrando la verdadera atención.

Imagen que refleja la meditación no-dual externa en la vida diaria. La imagen evoca la unión entre el meditador y el mundo circundante, eliminando la separación entre el "yo" y el "mundo", en plena atención al momento presente. La meditación no-dual externa se puede practicar en cualquier momento del día a día, ya sea sentado, de pie, caminando, trabajando o leyendo. A diferencia de la meditación interna, donde los sentidos se retraen, en la meditación externa los cinco sentidos están plenamente activos. El practicante observa todo a su alrededor sin juicio, reconociendo que cada percepción es una manifestación de la misma realidad indivisible. Esta práctica transforma las actividades cotidianas en oportunidades para experimentar la unión con el presente, permitiendo que la conciencia testigo se mantenga alerta y libre de interferencias mentales, en una constante conexión con el entorno.

La práctica externa nos guía hacia la exploración de un espacio más amplio de conciencia. Al enfocar nuestra atención en el entorno que nos rodea, empezamos a percibir una continuidad esencial que une al presenciador con lo presenciado. Esta forma de meditación nos enseña a ver más allá de la separación aparente, destacando la presencia de una única conciencia en acción que abarca tanto al sujeto que percibe como al objeto percibido en forma de conocimiento-atención presencial. En la práctica, esto se traduce en una experiencia directa o ruta más corta, una percepción que va más allá de la división convencional.

Esta forma de meditación implica mirar atentamente al mundo que nos rodea con el fin de comprender que cada cosa que vemos es una expresión de una misma y única realidad indivisible. Esta forma de meditación nos invita a observar cuidadosamente el mundo que nos rodea, nos motiva a comprender que en cada percepción radica la oportunidad de ejercer nuestra atención de manera adecuada, enfocándonos plenamente en el aquí y ahora, sin desviarnos del presente.

A través de esta práctica, se busca superar la idea de una separación entre el "yo" y el "mundo", desvelando así la unión intrínseca de toda existencia, que se manifiesta como una conciencia que une atención y conocimiento.

En este camino, la 'conciencia testigo' se manifiesta como 'conocedor primario', un observador despersonalizado y desobjetivado, donde la atención y el conocimiento fluyen libremente sin interferencias mentales, sin historias personales, sin la memoria del pasado. Aquí, la práctica se convierte en un sadhana (practica o disciplina que una persona sigue para lograr un propósito espiritual), un adiestramiento en el que la atención, libre del yo, se dirige hacia el mundo que nos rodea.

Al observar sin esfuerzo ni intención, sin un 'ejecutante' detrás de la acción, se establece una fusión natural con la naturaleza, donde la particularidad desaparece, y solo queda la atención-conocimiento en unión con lo observado. Este estado de 'atención sin elección' permite una visión clara y permanente del mundo, libre de juicios y preferencias, en la que el conocimiento libre del 'yo' se mantiene continuo y estable.

Contemplar el mundo desde un estado de plena presencia revela la fascinación inherente de toda existencia. En el momento presente, sujeto y objeto convergen en una unidad indisoluble, haciendo que la noción de individualidad desaparezca. En esta vivencia, la propia conciencia es consciente de esta unidad en su totalidad. Si persiste cualquier forma de dualidad, no puede considerarse una auténtica meditación. En este estado, el tiempo y el espacio se desvanecen, y el objeto de atención se muestra en su forma más pura, sin la presencia del ego psicológico.

La atención constituye una manera de relacionarse con el mundo y los objetos de nuestra rutina. La mayoría de las personas no son conscientes de esta forma de atención. Si realizas un autoexamen diario o profundizas en tus experiencias, notarás cómo encuentras instantes de atención continua. En tales momentos, la acción parece desenvolverse de manera autónoma, sin que 'nadie' la dirija. Estos momentos pueden surgir durante la lectura, al escalar, bucear, al escuchar la gente hablar, ver como nieva cuando estas libre de preocupaciones, jugar a la ajedrez, al ver una película y en diversas situaciones cotidianas.

Esta imagen captura visualmente la esencia de la meditación no-dual externa, una señora observa desde el momento presente a dos personas hablado a la vez y nadie escucha, un estado en el cual la percepción del mundo a través de los sentidos se realiza sin el filtro del pensamiento analítico o el juicio pilar central de la meditación no-dual. Esta práctica meditativa nos guía hacia una ndagación pura, donde solo la atención y el conocimiento están presentes, despojados de cualquier noción de 'yo' personal. En la meditación no-dual externa, los sentidos se convierten en puertas hacia el entendimiento de que la conciencia no está dividida ni separada del mundo que percibe. A través de esta modalidad meditativa, aprendemos a interactuar con el mundo de manera directa, utilizando los sentidos sin el intermedio de interpretaciones o valoraciones personales. Esto permite que la conciencia se manifieste en su forma más pura, como un testigo de la realidad externa sin alteraciones internas.

Aprovecha cada hora del día y procura evitar distracciones. Si te encuentras distraído, reconoce esta distracción y dirige tu atención de nuevo hacia el objeto seleccionado, una y otra vez. Ya sea mientras caminas, observas o escuchas, ríes, juegas, haces el amor, si prestas atención a tus acciones, la noción de una identidad personal ('yo') desaparece, tu como cuerpo y persona no estás ahí. En este estado, la conciencia que se expresa como atención y conocimiento

Es en este momento cuando realmente comienza el verdadero proceso meditativo, un momento importante es durante la hora de comer. Con toda la atención puesta en la experiencia, la comida se convierte en un plato agradable por su sabor y olor, masticando bien cada bocado. Cuando percibimos el mundo con una atención total y una mente desprovista de restricciones, sin que haya un 'observador' definido, la atención se vuelve impersonal. Desde este punto, emerge una comprensión y claridad mental que se desligan de la mente egocéntrica.

no necesita una identidad personal. Puedes mantener este conocimiento libre del 'yo' mientras fijas tu mirada en el horizonte u otro objeto cualquiera.

El acto de prestar plena atención a nuestras acciones puede desencadenar una profunda despersonalización, donde la noción convencional del 'yo' — esa identidad personal que asociamos con nuestro cuerpo y mente — se disuelve. En estos momentos, no es el 'yo' quien actúa, sino que la atención y el conocimiento emergen sin la influencia de la identidad personal. Esta experiencia puede ocurrir en varias situaciones cotidianas si se practica la atención consciente, caminando, al caminar, si te concentras exclusivamente en el movimiento de tus pies y la sensación de cada paso, la conciencia del cuerpo como entidad separada puede desvanecerse, dejando solo la experiencia del movimiento y la presencia.

Escuchar música: Cuando te sumerges completamente en escuchar una pieza musical, dejando de lado los juicios y las expectativas, puedes llegar a un estado donde solo existe la música; el oyente como entidad separada desaparece.

Observar la naturaleza: Sentarse en un parque y observar simplemente lo que sucede — los árboles meciéndose, los pájaros volando, el flujo ininterrumpido de la naturaleza — puede llevar a un estado donde la 'persona' que observa se integra completamente con lo observado.

La meditación externa no-dual es también una forma de 'meditación en la acción', llevando la conciencia de unidad a las actividades cotidianas. Aquí, el 'yo' y el 'hacedor' se disuelven, permitiendo que todas las acciones sean vistas como manifestaciones de la única conciencia universal. Este estado de atención plena y libre de dualidades, donde el 'conocer al conocedor' se vuelve una experiencia directa, transforma cada momento en una oportunidad para la meditación.

Este capítulo busca integrar los conceptos claves de la meditación no-dual externa, resaltando la importancia de la conciencia testigo, el conocedor primario, y la atención desobjetivada y despersonalizada. Se enfoca en cómo la práctica externa complementa y profundiza la comprensión interna, estableciendo un puente entre el mundo interior y exterior en el contexto de la no-dualidad.

Es importante destacar que en la meditación interna, se requiere un estado de inactividad física, mental y sensorial. De hecho, la separación de estos elementos facilita la manifestación independiente de la atención-conocimiento no-dual.

En contraste, en la meditación externa no-dual, a pesar de que el cuerpo y los sentidos están activos en sus funciones cotidianas, la atención-conocimiento cumple su rol de manera continua. Permanece y se mantiene en el presente, sin depender de la presencia personal ni de la voluntad individual como cuando lees un libro o escuchas música.

Aquí se muestra la imagen de una señora sentada en un banco del parque, observando las actividades dinámicas que la rodean con una conciencia de testigo sin prejuicios. La escena captura a madres jugando con sus hijos, pájaros en vuelo y personas conversando, lo que refleja la práctica de la meditación externa no dual en un entorno público. Este escenario ilustra profundamente la práctica de la meditación externa no-dual, ofreciendo una visión de cómo la atención presencial pueden transformarse cuando se desvinculan del juicio y de la narrativa mental.

Introduciendo la conciencia no-dual en lo cotidiano

En la práctica de la atención externa, el silencio juega un papel crucial. No se trata del silencio físico, sino de un estado interno de quietud y escucha. Al enfocar la atención en el mundo, aprendemos a escuchar más allá de los sonidos; percibimos el eco del silencio que subyace a toda experiencia sensorial. Este silencio revela la unidad de la conciencia, donde el observador y lo observado se funden en una sinfonía de presencia pura.

La naturaleza ofrece un campo fértil para la meditación no-dual externa. Aquí, rodeados de la belleza y la armonía del mundo natural, podemos trascender las limitaciones del tiempo y el espacio. Al observar un paisaje, una puesta de sol o el fluir de un río, nos damos cuenta de que somos parte de un todo interconectado. Esta conexión directa con la naturaleza nos ayuda a disolver la ilusión de separación y a experimentar la unidad en su forma más pura. En la meditación no-dual, tanto interna como externa, la conexión entre meditación y creatividad se basa en la despersonalización, el silencio mental y el testigo imparcial.

Al liberarse (la conciencia) de la identificación con el ego y los juicios mnemotécnicos de valor, la atención-conocimiento accede a un estado de conciencia amplio y unificado, permitiendo que surjan ideas y percepciones creativas (sin enjuiciar) de manera espontánea.

La imagen ilustra a una persona en meditación en un entorno natural sereno, destacando la técnica de meditación externa no-dual. Esta práctica implica un enfoque pleno en estímulos externos, como los sonidos y las sensaciones del entorno, lo cual ayuda a mantener la mente en el presente y evita el diálogo interno que distrae y desconecta. Al enfocarse continuamente en el ambiente, la distinción entre el observador y lo observado comienza a disolverse, fomentando una experiencia de no-dualidad. Esta técnica no solo mejora la percepción sensorial, permitiendo que los detalles del mundo se perciban con mayor claridad y profundidad, sino que también ofrece una manera más integrada y plena de experimentar la realidad, enseñando a apreciar cada momento con renovada claridad y profundidad.

Esta conexión (atención con la atención o conocedor con el conocimiento) facilita un proceso creativo enriquecido, como en la escritura, al acceder (la conciencia accede por si sola) a un conocimiento más profundo (de sí misma) y a una comprensión intuitiva y universal.

Es crucial comprender que la atención actúa con mayor rapidez que el pensamiento, siendo casi instantánea y fugaz cuando no se tiene experiencia práctica. Surge y desaparece velozmente, y cuando está activa, no tienes control directo sobre ella. En la meditación externa, resulta esencial evitar que la atención se vuelva hacia el interior y se enrede en pensamientos y representaciones mentales. En su lugar, se busca mantenerla de manera constante y autónoma en el mundo exterior.

Evitar que la atención se vuelque hacia pensamientos internos cuando estas en el exterior ayuda a evitar distracciones. Pues, cuando la mente se adentra en pensamientos internos, surgen nuevas distracciones. El objetivo es mantener la atención estable en el objeto de meditación externo, sin que la mente divague hacia pensamientos internos, lo que podría interrumpir la experiencia de meditación no-dual. Este punto tan importante merece una foto y más comentario para que se comprenda mejor, es un defecto que nos ocurre a todos a diario a los que meditamos.

Cuando la mente no actúa como un obstáculo entre la conciencia y el objeto de atención en el mundo externo, la visión se torna nítida y duradera; se percibe el mundo en su autenticidad tal cual es. Esta práctica puede ser considerada como una forma de entrenamiento práctico. La meditación externa tiene el potencial de facilitar nuestro progreso y perfeccionar nuestra meditación interna. Es una práctica más accesible y comprensible, y a medida que adquieres habilidad y experiencia en ella, te resultará más sencillo dirigir tu atención hacia el interior cuando cierres los ojos.

La meditación no-dual externa nos enseña a mover nuestra atención como si fuera agua fluyendo libremente. Esta atención fluyente nos permite navegar por el mundo sin adherirnos a nada, manteniendo una presencia constante y una percepción clara.

A través de esta práctica, aprendemos a interactuar con el mundo sin perder nuestra esencia no-dual, viendo la unidad en la diversidad y manteniendo un estado de equilibrio y armonía internos. En esta etapa, el observador-conocedor dirige toda su atención hacia el objeto de enfoque. Sin embargo, cuando la atención se libera por completo del sujeto o la individualidad, se vuelve amplia, integral y universal. En este estado, a pesar de que existe un objeto de atención principal, los demás elementos no son pasados por alto.

Puede parecer contradictorio afirmar que debemos percibir el mundo sin involucrar el pensamiento, especialmente para aquellos que nunca han explorado esta idea. Sin embargo, para aquellos familiarizados con la meditación no-dual, esta manera de interactuar con la realidad es algo natural. Tanto en la meditación interna como en la externa, lo esencial es que la conciencia permanezca presente. Si no es así, no podemos considerarlo meditación. En este estado, no debe existir un controlador, pensador o especulador de la experiencia.

Incluso en el bullicio de la vida urbana, podemos encontrar espacios para la práctica no-dual externa. La ciudad, con su diversidad y dinamismo, ofrece un escenario único para observar cómo se manifiesta lo Absoluto en múltiples formas. En medio del caos aparente, se puede descubrir un orden subyacente y una unidad trascendental.

Aquí, cada interacción y cada momento se convierte en un reflejo de la conciencia no-dual, ofreciendo lecciones invaluables sobre la verdadera naturaleza de la realidad.

Las relaciones humanas ofrecen un campo fértil para la práctica de la meditación no-dual externa. Al interactuar con los demás, podemos esforzarnos por mantener una percepción no-dual, viendo el reflejo del Ser en cada persona. Esta práctica nos enseña a superar las barreras del ego y las preconcepciones, permitiéndonos experimentar una conexión verdadera y profunda con los demás, basadas en la unidad fundamental de nuestra esencia compartida.

El trabajo y la creatividad son áreas donde la práctica externa no-dual puede florecer. Enfocando nuestra atención plenamente en la tarea que tenemos entre manos, como cocinar, podemos transformar cualquier actividad en una expresión de la conciencia no-dual. Esto implica realizar nuestro trabajo con total presencia y sin la interferencia del ego, permitiendo que la creatividad y la acción fluyan desde un lugar de unidad y totalidad, integrando así la práctica espiritual en nuestra expresión creativa y laboral.

Imagen de un hombre cocinando en su cocina, plenamente concentrado y en un estado meditativo mientras prepara la comida. La escena refleja cómo la meditación no-dual puede integrarse en la vida cotidiana, transformando actos simples como cocinar en una práctica de presencia y atención. En la meditación no-dual externa, es esencial estar completamente atento con los cinco sentidos, percibiendo cada detalle del momento presente. Al cocinar, el sonido de los utensilios, el aroma de los alimentos, la textura y los colores se integran en una experiencia consciente, disolviendo la separación entre el "yo" y la acción.

El arte y la belleza ofrecen una ventana única hacia la percepción no-dual. Al contemplar una obra de arte, escuchar música, o apreciar la belleza natural o humana, podemos ejercitar la meditación no-dual externa. Estas experiencias estéticas pueden ser puertas hacia la comprensión de que el observador y lo observado son una única manifestación de la conciencia. Aquí, la belleza se convierte en un puente hacia la comprensión más profunda de nuestra verdadera naturaleza.

He abordado en profundidad la meditación en acción, también conocida como meditación externa, debido a su gran relevancia. A medida que avanzamos y exploramos en las áreas de la observación, la concentración y, finalmente, la meditación, nuestro enfoque en la atención y el conocimiento externos se profundiza y se vuelve más estable en el presente. Así, vivimos cada vez más tiempo en un estado verdadero de meditación no-dual como parte integral de nuestra rutina diaria. La clave reside en que la atención se sostenga naturalmente en este momento presente y que esta estabilidad se fortalezca día tras día.

Esta imagen representa la meditación al caminar como una poderosa práctica de atención sostenida en el momento presente que permite mantenerse consciente y sereno en medio de la vida urbana. La imagen de una persona caminando por la ciudad, inmersa en la meditación no-dual, ilustra cómo es posible cultivar la calma y la conexión con el presente, incluso en ambientes dinámicos y acelerados. Al enfocarse en los detalles del entorno, como el ritmo de los pasos y la interacción de la luz y las sombras, la meditación al caminar transforma cada paso en una oportunidad de autoconocimiento y paz. Esta práctica no solo mejora la atención y la concentración, sino que también invita a vivir de manera más consciente y en el "ahora". Al caminar con una mente tranquila y enfocada, se descubre un profundo sentido de paz y conexión que perdura más allá del momento de la caminata.

La conciencia en los encuentros ordinarios cotidianos

Cada uno de estos textos busca ampliar la comprensión y aplicación de la meditación no-dual en diferentes aspectos de la vida, mostrando cómo la práctica no se limita a un contexto de silencio y retiro, sino que se extiende a todas las facetas de la existencia. Estas ideas pueden servir como inspiración para explorar la meditación no-dual en un amplio rango de actividades y experiencias cotidianas, enfatizando la presencia del Ser en cada momento y situación. Es esencial destacar esto, ya que es un aspecto relevante que podría causar confusión. Durante la práctica de la meditación, tanto interna como externa, si surge un pensamiento o idea de valor, lo reconocerás de inmediato en el momento presente.

Revisando nuevamente este tema. Cuando en el instante de la meditación surge una idea valiosa que puede ofrecer soluciones o inspiración, es importante reconocerla sin renunciar el momento presente, sin juicios ni intervención del ego. En ese momento, tienes la libertad de decidir (me refiero a la conciencia-testigo) si anotarla o continuar meditando, manteniendo la atención en el presente. Para evitar olvidos, es recomendable tener papel y bolígrafo a mano durante la meditación, tanto interna como externa, ya que ciertas ideas valiosas pueden escaparse si intentamos retenerlas en la memoria. Este consejo es válido incluso durante una caminata en silencio mental.

La imagen representa a una persona sentada en una postura de
meditación, con los ojos cerrados y una mirada tranquila con un papel y
un bolígrafo a su lado, listos para ser utilizados. Un símbolo sutil de una
bombilla se vislumbra sobre su cabeza, marcando el instante en que una
idea valiosa aflora a la conciencia. Esta escena visualiza la práctica de la
no dualidad: estar completamente inmerso en el momento presente
mientras se está plenamente consciente del flujo de pensamientos. No hay
lucha entre capturar la idea y permanecer centrado; ambos coexisten sin
esfuerzo. Este acto de equilibrio refleja la libertad de la conciencia-testigo
que decide sin apego, permitiendo que la mente sea tanto un receptáculo
de revelaciones como un reflejo de serena atención, no olvidemos que la
atención y el conocimiento tienen el mismo origen, la conciencia. Aquí,
el papel y el bolígrafo simbolizan la preparación para acoger la sabiduría
sin perder la esencia del ahora, una herramienta práctica que facilita la
integración de la claridad mental con la presencia constante.

La meditación, tanto interna como externa, ha demostrado ser una
fuente invaluable de inspiración para mi escritura. En estos estados
de meditación, experimento una despersonalización profunda y a
menudo surgen ideas creativas, enriqueciendo así mi labor litera-
ria. La conexión entre la meditación y la creatividad ha sido una
revelación en mi proceso de escritura, me ha ayudado y beneficiado
enormemente. Durante estos momentos, experimento la llegada de

ideas valiosas mientras me sumerjo en un estado despersonalizado, lo que ha enriquecido mi trabajo literario.

En el contexto de la no-dualidad, se hace referencia a un estado de conciencia en el cual uno observa sin emitir juicios, sin mostrar preferencias y sin intentar alterar la experiencia presente. En resumen, la "atención sin elección" representa un estado de atención pura y sin dirección, que aspira a eliminar la dualidad y las preferencias, facilitando una visión más clara de la unidad fundamental de todo. Ver el mundo sin conceptos mentales lleva a un silencio interno completo. Este silencio permite que surja la atención sin elección.

La vida cotidiana está llena de oportunidades para practicar la meditación no-dual externa. Cada actividad, desde preparar una comida hasta realizar tareas domésticas, puede convertirse en un encuentro sagrado con lo ordinario.

El deporte y la actividad física también pueden ser medios para explorar la meditación no-dual externa. Al centrarnos en el movimiento del cuerpo y en la experiencia sensorial del momento presente, podemos trascender la dualidad entre mente y cuerpo. Esta práctica nos enseña a estar completamente presentes en cada acción física, descubriendo así la unidad y la fluidez inherentes en el movimiento, y experimentando la totalidad en cada gesto y respiración.

La vida urbana, con su aparente caos y diversidad, puede ser un escenario perfecto para la meditación no-dual externa. Aquí, la práctica consiste en observar la multiplicidad de formas, sonidos y actividades, reconociendo que todos son expresiones de la misma unidad. Esta percepción nos ayuda a encontrar la paz y la armonía en medio del bullicio, viendo cada aspecto de la vida urbana como un reflejo del Ser único y omnipresente.

La meditación no-dual externa se enriquece enormemente al interactuar con los elementos naturales: tierra, agua, aire y fuego. Cada elemento ofrece lecciones únicas sobre la unidad y la interconexión de todo lo que existe. Al observar y experimentar estos elementos en la naturaleza, podemos profundizar nuestra comprensión, viendo

Esta imagen destaca cómo el deporte, en particular el fútbol, puede ser una poderosa práctica de no-dualidad, donde mente y cuerpo se sincronizan en perfecta armonía. La imagen de una joven futbolista en plena acción, rodeada de sus compañeras y el público, simboliza un estado de concentración plena que refleja los principios de la meditación no-dual. En el fútbol, las jugadoras entran en un estado de flujo en el que desaparece la separación entre ellas y el juego, permitiendo que la atención se centre únicamente en el presente: el balón, los compañeros, y los oponentes. Este nivel de presencia elimina el espacio para el ego o pensamientos prolongados, y la mente se ajusta rápidamente a cada instante del partido. La no-dualidad convierte el deporte en una forma de meditación en acción, donde el campo de juego se vuelve un espacio de conocimiento pleno, y cada movimiento, una enseñanza para vivir en el presente.

cómo cada parte del mundo natural es una manifestación de la misma fuente universal.

La lectura y el estudio pueden convertirse en una forma de meditación no-dual externa cuando se practica con la atención sostenida y presente. Al enfocar completamente nuestra atención en el material de lectura o estudio, sin distracciones del ego o pensamientos intrusivos, nos sumergimos en un estado de flujo donde el lector y lo leído se unen. Esta práctica nos ayuda a absorber conocimientos de manera más profunda y a experimentar la unidad entre el conocedor y lo conocido.

El juego y las actividades lúdicas ofrecen un contexto único para la práctica de la meditación no-dual externa. Al jugar, especialmente de manera espontánea y desinteresada, podemos experimentar un estado de fluidez y presencia que refleja la unidad de la conciencia. En estos momentos, la separación entre el 'yo' y la actividad se desvanece, permitiéndonos experimentar un estado de alegría y libertad que es esencialmente no-dual.

Estas descripciones y temas aunque estén algo repetidas brindan diversas perspectivas sobre cómo integrar la meditación no-dual externa en varios contextos y actividades diarias. Cada uno destaca la posibilidad de encontrar unidad y conexión en diferentes aspectos de la vida cotidiana, desde la interacción con la naturaleza y la comunidad hasta actividades como la lectura, el juego y la participación en el bullicio urbano. Estas prácticas ayudan a cultivar una conciencia continua y estable de la no-dualidad en todas las experiencias de la vida.

Resumen: fundamentos de la meditación no-dual externa

La meditación no-dual externa implica expandir la atención más allá del yo interno hacia el mundo exterior, reconociendo la unidad subyacente que existe en todo lo que percibimos. Esta práctica busca disolver la separación entre el sujeto que percibe y el objeto percibido, revelando que tanto el observador como lo observado son manifestaciones de la misma conciencia indivisible. La idea central es que no hay una distinción real entre el "yo" y el "mundo", ya que ambos emergen de la misma fuente de conciencia universal. Al meditar externamente, el meditador se da cuenta de que tanto el mundo como su percepción de él son manifestaciones de la conciencia.

En esta práctica, la atención se extiende hacia el mundo externo, pero de una manera despersonalizada y sin esfuerzo, sin la intervención de un "yo" personal o de historias pasadas. Aquí, la conciencia-testigo se manifiesta como el "conocedor primario", observando el mundo sin juicios ni preferencias. La meditación no-dual externa permite experimentar la realidad tal como es, sin las proyecciones del ego o las narrativas mentales que generalmente filtran nuestras percepciones. Esta forma de atención, en la que el sujeto y el objeto convergen, lleva a una percepción directa y clara del mundo, permitiendo que la conciencia se mantenga.

Por ejemplo, al escuchar música, si el oyente está completamente inmerso en los sonidos, sin juzgar o categorizar, la identidad del oyente desaparece, y solo queda la experiencia pura de la música. No hay esfuerzo, no hay una voluntad personal guiando la observación, solo una atención natural y continua que permanece consciente del momento presente. El silencio juega un papel crucial en la práctica de la meditación no-dual externa, pero no se trata solo del silencio físico, sino de un silencio interno, un estado de quietud y presencia en el que la mente se calma y no hay interferencias del ego o de los pensamientos.

Esta imagen rinde homenaje a Adi Shankara, figura central del Advaita
Vedanta, quien promovió la no-dualidad como un camino para
comprender la esencia del ser y del universo. Inspirado en los Upanishads
y la tradición védica, Shankara enseñó que la realidad última es Brahman,
una conciencia pura sin atributos, y que la percepción de dualidad es
una ilusión causada por la ignorancia. Para trascender esta dualidad,
Shankara propuso prácticas meditativas como la meditación en "Yo soy
Brahman" (Aham Brahmasmi), la técnica de Neti Neti (ni esto, ni eso), y
la meditación en la quietud mental. Estas prácticas ayudan al meditador
a deshacerse de identificaciones erróneas y experimentar la verdadera
unidad entre el yo individual y el universo. Shankara argumentó que el
conocimiento directo de Brahman es accesible mediante la meditación y
el estudio, ofreciendo un camino práctico para liberarse de la ignorancia
y alcanzar la realización y la libertad última.

Conclusión

En esta exploración de la no-dualidad, hemos viajado a través de las profundidades de la conciencia, explorando la unidad subyacente que trasciende la dualidad aparente. Hemos aprendido que la no-dualidad no es un concepto abstracto, sino una experiencia viva y transformadora. A lo largo de estas páginas, hemos descubierto que la indagación la atención y el conocimiento pueden ser nuestros guías hacia la comprensión de la realidad última. La práctica constante y la observación sin juicios nos han llevado a un estado de ser donde el "yo" se disuelve en el flujo eterno de la existencia.

Hemos encontrado que la no-dualidad es la puerta de entrada a la percepción más clara y profunda de la unidad fundamental de todo. Al vivir en este estado de consciencia, experimentamos una vida más plena, libre de las limitaciones de la dualidad y enraizada en la verdad inmutable. La no-dualidad no es solo un concepto filosófico, sino una invitación a experimentar la realidad tal como es, en su pureza y esencia. Que esta exploración sea un recordatorio constante de nuestra capacidad de despertar en cada momento de nuestras vidas, encontrando la unidad en medio de la diversidad y la paz en medio del caos.

La observación, la concentración y la meditación no-dual son las herramientas fundamentales para adentrarnos en la experiencia de la no-dualidad. A través de la observación, aprendemos a ver el mundo tal como es, sin juicios ni preferencias. Observamos nuestros pensamientos, emociones y sensaciones sin identificarnos con ellos, reconociendo que son efímeros y cambiantes. Esta observación imparcial nos libera de la ilusión de un "yo" separado y nos acerca a la unidad subyacente de la existencia.

La concentración nos permite entrenar la atención para enfocarse en sí misma y el conocimiento revela al conocedor. Al hacerlo, experimentamos la atención sin distracciones ni dispersión. Esta práctica que desarrolla la capacidad de sostener la atención en la misma atención o el conocimiento en el conocedor primario, sin voluntad sin esfuerzo y sin ayuda del yo, es el comienzo de la vía directa o camino más corto para la meditación no-dual.

La meditación no-dual nos sumerge en la experiencia directa de la unidad. En este estado, la dualidad entre el observador y lo observado desaparece, y la conciencia se convierte en un flujo continuo de percepción sin separación, a la vez que es consciente de sí misma es consciente de todo lo demás. No hay "yo" que medite ni objeto de meditación; simplemente hay un ser consciente absoluto universal en comunión con la totalidad de la realidad.

En última instancia, a medida que avanzamos en esta práctica, descubrimos que la no-dualidad no es un estado lejano o inaccesible, sino una realidad intrínseca que siempre ha estado presente. La observación, la concentración y la meditación nos ayudan a desvelar esta verdad profunda y a vivir en armonía con ella. Nos muestran que la no-dualidad no es una teoría abstracta, sino una experiencia transformadora que puede enriquecer cada aspecto de nuestras vidas.